B' ann an Goirtean Dòmhnaill an Tiriodh a rugadh agus a thogadh Niall M Brownlie, agus tha e air leth fiosrach air eachdraidh is beul-aithris eilean a bhreith is àraich. Thathar eòlach air Niall mar bhàrd is mar sgeulaiche cuideachd, agus tha e air mòran dhuaisean a thogail aig Mòdan is eile. B' e a dheasaich leabhar de bhàrdachd à Tiriodh, *Na Cnuic 's na Glinn*, a dh'fhoillsich an Comunn Gàidhealach ann an 1991, agus tha dùil ri leabhar no dhà de na sgrìobhaidhean aige fhèin fhathast. Ach an dràsda tha e air cuibhreann den eòlas a tha aige air Tiriodh a thoirt cruinn anns an leabhar thlachdmhor seo – leabhar a chòrdas chan ann a-mhàin ri Tirisdich ach ri neach sam bith aig a bheil ùidh an eileanan na Gàidhlig.

Neil M Brownlie's fund of knowledge on the history and traditions of his native Tiree is widely ack-nowledged, and he has now drawn on that for this highly attractive new work on the island. A native of Barrapol, Neil has edited a collection of poetry associated with Tiree and has had several successes in literary and song writing competitions at the National Mod and elsewhere. He lives in Larbert, Stirlingshire.

BAILTEAN IS ATH-GHAIRMEAN
A TIRIODH

TOWNSHIPS AND ECHOES
FROM TIREE

NIALL M BROWNLIE

Argyll
publishing

First published 1995
Argyll Publishing
Glendaruel
Argyll PA22 3AE

British Library Cataloguing-in-Publication Data.
A catalogue record for this book is available from the
British Library.

LAGE/ISBN 1 874640 71 8

Origination & Printing
Cordfall Ltd, Glasgow

Chuidich Comhairle nan Leabhraichean am foillsichear
le cosgaisean an leabhair seo.

Do Mhairead le Gaol

To Margaret with Love

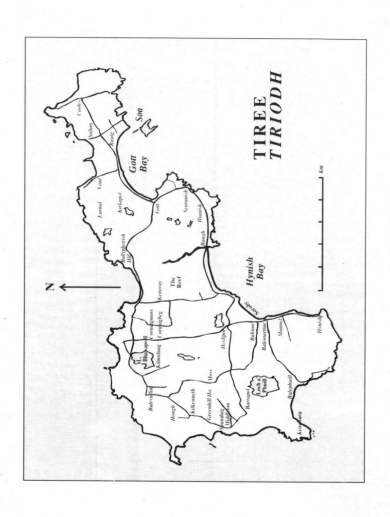

TIREE
TIRIODH

N

Gott Bay

Soa

Hynish Bay

km

CLAR-INNSE

CONTENTS

Facal-Toisich

Nithear othail ri leabhar sam bith a nochdas mu bheul-aithris nan Gàidheal, oir tha uimhir ann dhith gus fiosrachadh a thoirt dhuinn mun tìm a dh'fhalbh. Tha a' bheul-aithris sin air leth beairteach ann an eilean Thiriodh.

Le bhith roinn an eilein na choimhearsnachdan beaga, tha ùghdar an leabhair seo a' toirt dealbh air an eagrachadh a bha cumail rian orra sin. Le bhith rannsachadh dòigh-beatha nan coimhearsnachdan gu mion, tha e cuideachd a' leigeil fhaicinn dhuinn dòigh-beatha an eilein gu lèir, agus gheibh sinn sealladh nas fharsainge air ar dualchas aig an aon àm.

Cuidichidh a leithid gus pàirt, co-dhiù, de ar beul-aithris a chumail beò. Piobraichidh e daoine eile gus tuilleadh rannsachaidh a dhèanamh ann an Tiriodh fhèin, agus gus a leithid a dhèanamh ann an coimhearsnachdan eile far a bheil a' chànan na stèidh do dhualchas làidir. Faodaidh an dòigh-beatha a bha aig na daoine a dh'fhalbh ar n-oideachaidh an dràsda agus ar deisealachadh airson an àm ri teachd anns am bi meas mòr air ar dualchas.

Mairead A NicAoidh
Sgoil Eòlais na h-Alba
Oilthigh Dhùn Eideann

INTRODUCTION

A book about the oral traditions of Gaelic Scotland is always welcome, for every community has its wealth of lore to contribute to our knowledge and understanding of the past. Nowhere is it more rich than in the island of Tiree.

By choosing to organise his book around the townships of the island, the author emphasises the unit of social and economic organisation which fostered community and cultural life. Through the oral traditions of the township ceilidh-houses we can see the wider picture as well.

A book like this has many functions. Importantly, it ensures that aspects of the culture are preserved and passed on. And it can also act as a stimulus, encouraging more such investigation and dissemination not only in Tiree but in every community where the Gaelic tradition is central. The way people lived in the past has lessons for us, both in the present and as we plan for a future which values our heritage.

Margaret A Mackay
School of Scottish Studies
University of Edinburgh

Ro-radh

Ach is lìonmhor gach caochladh a thachair
On latha san d' fhàs mi gu aois;
Tha cuideachd mo ghaoil anns a' chlachan,
Far an laigh mi aon latha rin taobh.

Ach bidh iarrtas nam chridhe rim mhaireann
Gu tilleadh thar thonnan a' chaoil,
Far an d' fhuair mi nam phàisde am bainne
Bhom mhàthair an dachaigh mo ghaoil.

'S e an dàimh a tha agam ri eilean mo bhreith is m' àraich a spor mi gu dol an sàs san obair seo. Bha mi cuideachd cruaidh sa bheachd, o chionn iomadh bliadhna, gum bu chòir oidhirp a dhèanamh gu clàradh beagan den eachdraidh is den bheul-aithris a tha fhathast air bilean an t-sluaigh an Tiriodh.

Mar na h-eileanan uile, chan eil uiread ùidh aig daoine an Tiriodh an Gàidhlig an-diugh, is mura tèid sealltainn ris an stuth a tha fhathast air bilean nan daoine a tha a' cleachdadh na cànaine, thèid e às an t-sealladh mar mholl leis a' ghaoith is cha bhi nì air fhàgail againn ach là an aithreachais.

Chan eil mòran de dh'eachdraidh sgrìobhte againn mu Thiriodh, agus tha eadhon mòran den bheul-aithris a-nis air chall. Agus is e an dìobhail e. Ach rinn mi mo dhìcheall air a' bheagan eachdraidh is beul-aithris a tha agamsa mu bhailtean Thiriodh a chur sìos mar as fheàrr as urrainn dhomh, agus tha mi 'n dòchas gun toir e toileachas-inntinn do gach neach a leughas e, co-dhiù as ann an Gàidhlig no am Beurla.

Mo thaing do dh'Iain MacDhòmhnaill o Chomhairle nan Leabhraichean, a chùm air gam sporadh gu leabhar mar seo a sgrìobhadh, do mo dheagh chàirdean an t-Ollamh Dòmhnall E. Meek, Fiona NicFhionghain, Eòghan agus Uilleam MacIllEathain airson fiosrachaidh, agus do gach neach eile a thug brosnachadh is stiùireadh dhomh. Tha mi fo fhiachan aig Sue Anderson airson a' mhapa agus airson nan dealbhan a tha san leabhar. Agus tha mi cuideachd an comain a' Chomuinn Thirisdich agus Chomhairle nan Leabhraichean airson cuideachadh le cosgaisean a' chlò-bhualaidh.

Niall M Brownlie

FOREWORD

We leave the well-beloved place
Where first we gazed upon the sky;
The roofs that heard our earliest cry
Will shelter one of stranger race.

We go, but ere we go from home,
As down the garden walks I move,
Two spirits of a diverse love
Contend for loving masterdom.

It is my love for Tiree, where I was born and bred, that led me to embark on this work. I have also been firmly of the opinion over the last few years that an attempt should be made to record some of the history and the folklore of the island while it is still available from the Gaelic-speaking population.

As in all the islands, interest in Gaelic in Tiree is on the decline, and if the material still left is not collected from those who still have the language, it will disappear like chaff before the wind. And we will be left with nothing but a time for regret.

There is very little written history about Tiree

in existence, and even a good deal of the folklore has already been lost. More's the pity. However, I have done my best to put on record the little history and folklore that I have about the townships, and I hope it will give pleasure to all who read it, whether in Gaelic or English.

My sincere thanks to Ian MacDonald of the Gaelic Books Council, who kept on encouraging me to write such a book, and to my very good friends Professor Donald E Meek, Fiona MacKinnon, Hugh and Willie MacLean for help and additional information. My thanks are also due to Ronnie Melville of Falkirk High School, who did the English editing and corrected errors in the typescript, and to all others who gave me encouragement and guidance. I am grateful to Sue Anderson for her photographs and for the map and drawings. Finally, I am also indebted to the Tiree Association and to the Gaelic Books Council for the help given towards the costs of publication.

Niall M Brownlie

A SHORT HISTORY OF TIREE

Tiree is known to Gaelic speakers by two names –
Tiriodh (sometimes thought to derive from *Tir*, 'land',
and *iodh*, 'corn') and Tiridh/Tiridhe (*Tir*, 'land', and
Idhe, genitive case of *I*, 'Iona'). Tiriodh is the name
used by the natives. In olden times it was referred to
as Heth or Hithe, but from 1344 to 1626, in charters
and other records, it appears in various shades –
*Tyriad, Tyriag, Tierieg, Tyreig, Tiry, Tere, Teree,
Tiriage, Teyre, Terrie, Tierig, Teirrie* and *Tieray.*

Adamnan refers to it as *Ethica Insula* and Dr
William Reeves refers to it in his paper on Tiree in
the *Ulster Journal of Archaeology* as *Ethica Terra.*

The first reference to the island is to be found in
an ancient poem by Fionn Mac Rosa Ruaidh. He says
that Labhraidh Loingseach destroyed eight towers in
Tiree around 200BC.

There is no doubt that life on Tiree is very old,
and that Christianity came to the island long before
St Columba came to Iona in 563. But it is from
Adamnan's *Life of St Columba* that we get the first
real glimpse into its history, although most of this
history is of an ecclesiastical nature and sheds little
light on the natives of the island. Tiree was the garden

16

GEARR-EACHDRAIDH MU THIRIODH

Tha dà ainm gan cleachdadh airson an eilein an-diugh – Tiridhe agus Tiriodh. Anns na seann làithean is e Heth no Hithe a theirte ris, ach ann an cunntasan eadar 1344 agus 1626 tha e air ainmeachadh mar *Tyriad, Tyriag, Tierieg, Tyreig, Tiry, Tere, Teree, Tiriage, Teyre, Terrie, Tierig, Teirrie* agus *Tieray.*

Tha Adhamhnan ag iomradh air mar *Ethica Insula*, agus is e *Ethica Terra* a tha aig an Dr Reeves air anns a' phàipear a sgrìobh e mun eilean san *Ulster Journal of Archaeology.*

Tha a' chiad iomradh air an eilean ri fhaotainn ann an seann bhàrdachd le Fionn Mac Rosa Ruaidh. Tha esan ag ràdh gun do dh'fhàsaich Labhraidh Loingseach ochd tùir an Tiriodh dà cheud bliadhna mun do rugadh Crìosd ("ort ocht turu Tir Iadh, circa 200BC").

Chan eil teagamh ann nach eil an t-eilean aosda, ach dè cho aosda chan eil fios againn. Is chan eil teagamh ann nach do ràinig an Soisgeul a chladaichean fada mun do chuir Calum Cille cas air tìr ann an Eilean Idhe. Ach is e Adhamhnan, a sgrìobh eachdraidh-beatha Chaluim Chille, a tha a' toirt dhuinn a' chiad bhlasad de dh'eachdraidh an eilein,

of Iona and was under the firm control of the Iona monks.

After the monks came the Vikings, and they had Tiree, in common with the rest of the Hebrides, under their sway. However, this came to an end after the defeat of King Hakon at the Battle of Largs in 1263. In 1266 Tiree became part of the Lordship of the Isles, and the MacDonalds ruled there until 1517. The island then fell into the possession of Lachlan Catanach MacLean of Duart.

Ten years on it was laid waste by the Campbells. In 1562 it was once again burned and plundered, this time by MacDonald of Islay and his kinsman Donald Gorm of Sleat. But although Lachlan Mor of Duart's estates were forfeit in 1594, the MacLeans held on to Tiree until 1674, when it came into the possession of the Campbells, and it remains part of the Argyll Estates to the present day. The natives did not take kindly to the Campbells as landlords, although things were favourable enough until the early 1800s.

In 1779 Tiree had a population of around 2500 souls. But by 1846 the total had risen to around 5000. This was when Colonel Jock Campbell (*am Bàillidh Mor*, 'the Big Factor') arrived on the scene. There is no doubt that Campbell had the full authority of the 8th Duke of Argyll to reduce the population of Tiree, but it was the terrible deeds that he perpetrated during his reign as factor that awoke the deep hatred of the peasantry for himself and for his master.

Before he passed away in Mull some twenty years later, he had reduced the population to around 2000. Little wonder that crofter and cottar alike rose up in open rebellion in 1886.

ged nach eil an seo ach eachdraidh co-cheangailte ris na h-eaglaisean a bha suidhichte ann. B' e Tiriodh gàrradh lios Idhe agus bha e fo smachd nam manach rè iomadh bliadhna.

An dèidh sin thàinig na Lochlannaich, is bha an t-eilean fo chìs aca gus an deachaidh an ruaig a chur orra aig Blàr nan Leargaidh Ghallta an 1263. Ann an 1266 thàinig Tighearnas nan Eilean am bith is fhuair Clann Dòmhnaill nan Eilean còir air, is bha e san oighreachd acasan gu 1517, nuair a fhuair Lachainn Catanach MacIllEathain còir air.

Deich bliadhna an dèidh sin dh'fhàsaich na Caimbeulaich an t-eilean. Agus anns a'bhliadhna 1562 chuir MacDhòmhnaill Ile agus a charaid Dòmhnall Gorm an t-eilean ris na speuran. Ach ged a chaill Lachainn Mòr Dhubhaird ùghdarras thairis air a chuid fhearann sa bhliadhna 1594, chum na Leath-anaich grèim air Tiriodh gu 1674. Seo nuair a thuit e an làmhan nan Caimbeulach, agus tha e an oighreachd Earra-Ghàidheal gus an là an-diugh. Cha do ghabh na Tirisdich idir gu coibhneil ris na Caimbeulaich mar uachdarain, ged a bha cùisean glè shoirbheachail gu toiseach na naoidheamh linn deug.

Anns a' bhliadhna 1779 bha suas ri dà mhìle gu leth anam san eilean. Ach sa bhliadhna 1846 bha an àireamh dlùth air còig mìle. Seo nuair a nochd an Còirneal Iain Caimbeul, 'am Bàillidh Mòr'. Chan eil teagamh ann nach robh ùghdarras aige bho Sheòras, an t-8mh Diùc, an tuath a chur air fuadach. Ach b' iad na gnìomharan uabhasach a rinn e a dhùisg fuath nan Tirisdeach dha fhèin is don Diùc.

Mun do chaochail e am Muile mu fhichead bliadhna an dèidh dha tighinn don eilean, bha àireamh

The population of Tiree is now around 800. But in spite of the fall over the years, I cannot see the decline continuing, as the soil is so fertile as to afford the average crofter a reasonable standard of living. There is a Gaelic saying that is still an adage on the island and that can be translated as "If it were not for fear of the double rent, Tiree could yield two crops per annum." Oral sources say that there is a field on the slope of Ben Gott that did exactly that many years ago.

Tiree had a very fine dialect of Gaelic and, although the number of Gaelic speakers has declined since my boyhood days, I sincerely trust that the Islanders will do their utmost to preserve their language and their heritage. Why be a monoglot when you can be bilingual?!

an t-sluaigh sìos gu dà mhìle. Cha b' iongnadh idir ged dh'èirich ar-a-mach am measg na tuath sa bhliadhna 1886.

Chan eil ach mu ochd ceud duine san eilean an-diugh, ach saoilidh mi nach tèid e fàs gu bràth, oir tha am fearann cho torrach. Tha seanfhacal againn: "Mura biodh eagal an dà mhàil, bheireadh Tiriodh an dà bhàrr." Tha e air a ràdh gu bheil achadh air slios Beinn Ghot far an robhas a' dèanamh dà bhuain sa bhliadhna.

Tha Gàidhlig ghlan, dhòigheil an Tiriodh, is ged a chlaon an àireamh a tha ga cleachdadh seach mar a bha cùisean nuair a bha mise nam bhalach, tha mi 'n dòchas nach cuir mo luchd-dùthcha cùl gu bràth ris an dìleab phrìseil a tha aca. Tha buannachd mhòr ann a bhith dà-chànanach!

Scarinish

Norse *skári*, 'gull', and *nes*, 'point'

Scarinish is the Caledonian MacBrayne Ferry terminal in Tiree. On a hillock above the pier stands the War Memorial. Above the old harbour is the Scarinish Hotel, which has been licensed since about 1953.

It was at Scarinish in July 1886 that 250 Marines were landed to quell the crofters who were involved in the land agitation on the island. Fortunately, not a drop of blood was spilled. (For further information, read Donald Meek's account in Gaelic of the crofters' rising of 1886 in Tiree in the book *Oighreachd agus Gabhaltas.*) But the story of how the marines were vanquished in the tug-o-war by the Tiree stalwarts in the games that took place at Scarinish is still related with much pride. During the agitation, eight of the rebels arrested were brought to trial. They were sentenced to varying terms of imprisonment.

In Columban times there was a chapel in the township called St Thomas's Chapel. A small distance north of the pier there is a small bay called Port na Banaich, 'The Harbour of the Weaver-wife'. As to who she was, I have no knowledge.

On the beach below the Scarinish Hotel is the keel of the *Mary Stewart,* a sailing smack that belonged to the late Donald MacLean. It was well known in its day, and I clearly remember as a young boy seeing it lying intact in the harbour. About half a mile north of the township is a Pictish broch called in Gaelic Dùn an t-Sìdhein ('The Fort of the Fairy Hill').

Sgairinis
skári, 'faoileag', agus *nes*, 'rubha' (Lochlannais)

Is e Sgairinis am port-aiseig aig Caledonian Mac a'
Bhriuthainn. Air cnoc os cionn a' cheidhe tha
Carragh-Cuimhne an dà Chogaidh. Tha taigh-òsda os
cionn seann phort Sgairinis.

Is ann an Sgairinis a chuireadh dà cheud gu leth
saighdear-mara air tìr anns an Iuchar 1886 a chur
smachd air na croitearan a bha ri ar-a-mach san
eilean. Gu fàbharach, cha do shileadh boinne fala.
(Airson tuilleadh fiosrachaidh, leugh 'Aimhreit an
Fhearainn an Tiriodh, 1886' le Dòmhnall Meek san
leabhar *Oighreachd agus Gabhaltas*.) Ach tha e air
aithris le pròis san eilean gus an là an-diugh mar a
thug laoich Thiriodh buaidh air na saighdearan anns
an tug-o-war aig na lùth-chleasan a ghabh àite an
Sgairinis aig an àm. Thogadh casaid an aghaidh
ochdnar de na reubalaich a chuireadh an làimh.
Chaidh iad uile a chur don phrìosan.

Ri linn Chaluim Chille, bha teampall sa bhaile
dam b' ainm Caibeal Thòmais, ach chan eil lorg air an
làrach an-diugh. Beagan tuath air a' cheidhe, tha bàgh
beag dan ainm Port na Banaich. Chan eil ròs agam
air cò a bha sa bhanaich.

Shìos bhon taigh-òsda san t seann phort, tha
druim na *Màiri Stiùbhairt*, am bàta-sheòl aig
Dòmhnall MacIllEathain (Dòmhnall Og) nach
maireann. B' i bàta iomraiteach a bha innte na latha.
Tha cuimhn' a'm a faicinn nam òige air an tràigh na
làn-uidheam.

23

Heanish

N. *hjá*, 'outlying', and *nes*, 'point'

Heanish is situated south and west of Scarinish. There was a small mill there, and by the roadside there is a small cove called Port a' Mhuilinn ('Mill Harbour'). There was a small pier here that was built for the fishing fleet. Remnants of the jetty still remain.

Born and brought up in Heanish was Tiree's most famous Master Mariner, Donald MacKinnon, who, in the clipper *Taeping*, won the great Tea Race from China to London in 1866. In 1864 he had set up the record for the fastest voyage from Foo-chow-foo to London. He accomplished it in 88 days. As far as I know, this record still stands. Born in 1826, he died at sea in 1867, and is buried in Capetown.

Another Heanish mariner worthy of remembrance is the late Captain Neil MacKinnon, who won the DSC at Dunkirk in 1940.

On a point between Heanish Beach and Baugh Beach there are the traces of Dun Heanish, another Pictish broch.

Mu leth-mhìle an iar-thuath air Sgairinis, air àirde Beinn Ghot, tha Dùn an t-Sìthein, dùn Cruithneach, ach mar a' mhòr-chuid de na dùin eile air feadh an eilein, chan eil mòran dheth an làthair an-diugh.

Hianais

hjá, 'fada a-muigh', agus *nes*, 'rubha' (L.)

Tha Hianais suidhichte deas agus siar air Sgairinis. Anns na seann làithean bha muileann ann, agus tha bàgh beag ann dan ainm Port a' Mhuilinn far an robh ceidhe beag o chionn dà cheud bliadhna air ais. B' ann ri linn an iasgaich a chaidh an ceidhe seo a thogail.

B' ann à Hianais a bha an Caiptean Dòmhnall MacFhionghain, am maraiche as ainmeile a thàinig riamh à Tiriodh. B' e an duine seo, anns a' chliopair-teatha an *Taeping*, a bhuannaich Rèis Mhòr na Teatha à Sìona gu Lunnainn sa bhliadhna 1866.

Ann an 1864 bha e air tighinn à Foo-chow-foo gu Lunnainn ann an 88 latha, nì nach do rinn soitheach sheòl eile on uair sin. Chaochail e aig cuan sa bhliadhna 1867 is tha e air a thìodhlachdadh am Baile a' Cheapa an Afraga a Deas.

Bha sgìobair eile à Hianais a tha mar an ceudna airidh air clach a chur air a chùirn, agus b' esan Niall MacFhionghain (Niall Dhùghaill), a choisinn an DSC dha fhèin aig Dunkirk an 1940.

Air rubha eadar Tràigh Hianais agus Tràigh Bhàigh tha Dùn Hianais, dùn eile a bhuineas do linn nan Cruithneach.

Baugh

From Gaelic *Bàgh,* 'bay' (from N. *baugr*)

Baugh is situated west of Heanish, and it is here that the doctor's surgery and house are situated. Many improvements have been made to this building since the days of Dr Alasdair Buchanan, Tiree's favourite physician. As an example of the Islanders' high esteem for him, a monument to his memory was erected on Cnoc Ibrig (G. *cnoc,* 'knoll'; and *ibrig* from N. *eidh,* 'half island', and *berg,* 'hill'). Dr Buchanan is buried in Oran's Cemetery in Kirkapol.

North-east of the doctor's residence is a place called Odhrasgair – and not 'Oinisgear', as shown on the road sign. Why 'Oinisgear' on the road sign? I do not know! Again, there is a Pictish broch in Baugh.

Earnal

N. *herne-vollr,* 'field-house', or *orn-vollr,* 'sea-eagle field'

Earnal is situated west of Gott common grazing, and it is the most sterile piece of ground in Tiree. It has one dwelling-house.

Am Bàgh

baugr (L.), on tàinig am facal Gàidhlig *bàgh*

Tha am Bàgh na laighe siar air Hianais, agus is ann an seo a tha lèigh-lann agus taigh an dotair. Chaidh mòran leasachaidh a dhèanamh air an togalach seo bho linn an Dr Alasdair Bhochanain, lighiche cho ainmeil 's a bha riamh san eilean. Mar eiseamplair air a' mheas a bha air, thogadh càrn brèagha air Cnoc Ibrig mar chuimhneachan air. Tha an dotair tìodh-laicte an Cladh Odhrain an Circeabol.

Sear air taigh an dotair tha àite dan ainm Odhrasgair – is chan e 'Oinisgear', mar a tha ri fhaicinn air an t-sanas rathaid. Càite an d' fhuair a' Chomhairle an t-ainm 'Oinisgear' chan aithne dhomh! A-rithist, tha dùn sa bhaile dan ainm Dùn a' Bhàigh.

Earnal

herne-vollr (L.), 'taigh-achaidh', no *orn-vollr*, 'achadh na h-iolaire-mara'

Tha Earnal siar air caitcheann Ghot. Chan eil ach aon dachaigh uir.

Balephetrish

Named after '*Ayg MacPhetris*' (Hugh son of Peter), cleric there in the 15th century

Balephetrish is situated west of Earnal. It has a guest-house owned and run by Mrs Carter which provides full board as well as snacks and evening meals.

Balephetrish was a large farm for centuries. From 1754 until his death in 1779, at the age of eighty, it was tenanted by the Rev Charles Campbell, a native of Barmolloch in Glassary. He had four of a family, three sons and a daughter. At the time of his death, his wife was 36 years old and his youngest son was four.

He was succeeded by his nephew, Colin Campbell, who in turn was succeeded by an uncle of the Gaelic poet Dr John MacLachlan, of Rahoy. Then came another Colin Campbell, the father of Colina, the much esteemed wife of Dr Buchanan.

Eventually the tenancy fell to Tom Barr, a close friend of the estate factor, and matters remained like this – and not to the crofters' advantage – until after the First World War, when it was broken up into crofts and given to the young men who fought for King and Country. This happened in 1921, but only after a bitter struggle with the establishment.

Barr and his friend the factor had a very cosy arrangement regarding all the livestock reared on the island. If Tom Barr came first and made an offer which was refused by the crofter, it was a foregone conclusion

Baile Phèadrais

Air ainmeachadh air 'Ayg MacPhetrish' (Aodh
Mac Phèadrais), a bha na chlèireach an seo sa 15mh
linn

Tha Baile Phèadrais suidhichte air crìch an iar
Earnail. Tha taigh-aoidheachd aig a' Bh.-ph. Carter
an seo, agus cuid an latha 's na h-oidhche air thairgse
ann do luchd-turais.

B' e tuathanas mòr a bha am Baile Phèadrais rè
iomadh bliadhna. Ann an 1779 bha e air mhàl aig an
Urr. Teàrlach Caimbeul, a bha na mhinistear san
eilean. Aig an àm seo bha Mgr. Caimbeul ceithir
fichead bliadhna dh'aois agus a bhean sia deug air
fhichead. Bha triùir mhac agus aon nighean aca, is
bha an gille a b' òige ceithir bliadhna dh'aois.

Iomadh bliadhna an dèidh sin, fhuair Tòmas Barr
an tuathanas air mhàl bho a charaid am Bàillidh Dubh
MacDhiarmaid, agus lean cùisean mar seo – is cha
b' ann am fàbhar nan croitearan – gus an deachaidh
an tuathanas a bhristeadh na chroitean an 1921. Agus
cha b' ann gun sabaid chruaidh a thachair seo.

B' iad dà shionnach a bha am Barr agus anns a'
bhàillidh. Bhiodh iad, eatarra, a' ceannach gach
gamhainn is uan san eilean, is ma b' e Tòmas Barr a
thigeadh an rathad an toiseach is gun diùltadh an
croitear a thairgse, cha sealladh am bàillidh an taobh
a bha e.

Chan iongnadh idir e ged a rinn iad am maorach.
Chaochail mac de Bharr dam b' ainm Iain ann an Kelso

29

that the factor would not make another offer.

It is of little wonder that they made a fortune while the sun shone on them. Tom Barr's son John died in early October 1992 in a residential home in Kelso. He was 105 years of age.

The late Lachlan MacKinnon, like his father before him, farmed one such croft after he returned home from Malaya. Lachie spent four years in a Japanese prisoner-of-war camp and endured much hardship there.

On the north shore of the township is Clach a' Choire ('The Stone of the Corrie', the corrie in question being named after Finn MacCoul). This is a massive boulder from the Ice Age which gives off a peculiar metallic ring if struck with a small stone. The surface is deeply pitted with cup marks, and according to the late Ludovic Mann, an expert on ancient religions, these belong to a religious order that was to be found all over the world, an order that predates the Picts and the Druids.

On the slope of Ben Balephetrish there was another Pictish broch of the West Highland type, but not a trace of it remains.

aig toiseach an Dàmhair an 1992. Bha e ceud is còig bliadhna dh'aois.

Chuir Lachainn MacFhionghain nach maireann (Lachainn Iain Lachainn) seachad trian math de bheatha ag àiteach croite am Baile Phèadrais an dèidh dha tilleadh dhachaigh à Malàisia. Bha e na phrìosanach-cogaidh aig na Seapanaich fad ceithir bliadhna agus is iomadh àmhghar a dh'fhuiling e sna làithean dorcha sin.

Air cladach tuath a' bhaile tha Clach a' Choire, clach a nì seirm nuair a bhuailear i le cloich eile. Tha tunnachan a chudthrom innte, is tha gearraidhean domhainn air chumadh chupaichean air a h-uachdar. A rèir Ludovic Mann, buinidh na gearraidhean seo do chreideamh fada nas sine na creideamh nan Draoidhean.

Air gualainn Beinn Bhaile Phèadrais bha dùn eile a bhuineadh do linn nan Cruithneach, ach chan eil sgeul air an làrach an-diugh.

Clach a' Choire
"the stone of the Corrie" ringing stone

Reef

G. *ruighe*, 'sheiling'

The Reef has a common boundary with Kenoway and Baugh and takes in the village of Crossapol (G. *crois*, 'cross', and N. *ból*, 'town').

The local airport is situated here, a base for bombers to assist in the Battle of the Atlantic having been built in 1940. It is now the local airport, and has a daily service six days a week.

This lent credence to the prophecy of the famous Tiree seer John MacLean, who over a hundred years ago predicted the coming of the Second World War. He foretold that large birds would rise and land on the Reef, controlled by beings with snouts like pigs. Moreover, he prophesied that the island would be full of military personnel and that they would be residing in strangely shaped houses.

The first known tenant of the Reef was Duncan Campbell, and his house was situated near Cnoc nan Deilgean ('The Knoll of the Thorns'). It was to his daughter that Dr John MacLachlan, the sweet singer of Rahoy, composed the beautiful love song *'N seo nam Shìneadh air an t-Sliabh* ('Here Reclining on the Moor'). Here are some verses in translation:

An Ruighe
G. 'àirigh a' chaitchinn'

Tha an Ruighe ann an crìch ri Ceann a' Bhàigh is am Bàgh, agus tha i a' gabhail a-steach Chrosaboil.

Seo far a bheil port-adhair an eilein. Chaidh a thogail ann an 1940, agus bha sguadran de bhom-airean air stèitsean ann. Bha iadsan, gach latha a thigeadh, a' toirt an aghaidh siar gu bhith an sàs ann am Batal a' Chuain Shiair. Tha Loganair a-nis a' cur plèana thuige le luchd-siubhail sia làithean as t-seachdain.

Thug seo gu buil an fhàisneachd a rinn am fiosaiche ainmeil Iain MacIllEathain (Iain Mac Eachainn Bhàin), nuair a dh'innis e o chionn ceud bliadhna gum biodh eòin mhòra ag èirigh is a' laighe air rèidhlean na Ruighe fo iùil dhaoine le srònan mar ghnos na muice. A bhàrr air sin, thuirt e gum biodh an t-eilean làn de luchd-airm is gum biodh iad a' còmhnaidh ann an togalaichean neònach.

B' e fear Donnchadh Caimbeul (Donnchadh na Ruighe) a' chiad fhear-aonta air a bheil sgeul againn, agus bha an taigh aige dlùth air Cnoc nan Deilgean. B' ann do nighean a' Chaimbeulaich a rinn an Dotair Iain MacLachlainn an t-òran 'N Seo nam Shìneadh air an t-Sliabh. Tha e air a ràdh gun robh am bàrd a' cumail ris an nighinn is gum biodh e a' tighinn le eathar às a' Mhorbhairne gu Tiriodh a dhèanamh suirghe. Seo roinn den òran:

Here reclining on the moor,
I sigh for her that's far away -
Oft my eyes turn to the west
Where the sun sets in the sea...

Oh that I was just now
On the beach of the high waves,
Listening to the sweet words
Of the fairest of maids...

When I gave you my hand
On the beach when leaving land,
I could hardly say the words:
"Farewell to you, my dearest love". . .

It was at Cnoc nan Deilgean that the Tiree Association used to hold their annual sports, and a story is told of two men from Balephuil who met in the wrestling finals. The stalwarts were Donald MacLean and Colin MacDonald. MacLean was a big, powerful man, while MacDonald was small and stocky. Eventually, however, MacDonald got the better of his opponent.

After his victory, a friend of MacLean's remarked to him that he never thought he would live to see the day when his friend would be bested by a man as small as Colin, to which the worthy Colin replied, "It is only something that I have done often – laying MacLean flat out on his back on the Balephuil machair!"

Above Bagh Beach is a green mound reputed to be the grave of Lord Ullin's daughter. Oral tradition says that her remains were washed ashore here. The story has no basis in fact, of course, and it is doubtful that this is the hapless lady's last resting-place.

'N seo nam shìneadh air an t-sliabh,
'S mi ri iargain na bheil bhuam,
'S tric mo shùil a' sealltainn siar
Far an laigh a' ghrian sa chuan...

'S truagh nach robh mi fhìn an dràsd'
Air an tràigh as àirde stuagh,
'G èisdeachd ris a' chòmhradh thlàth
Th' aig an òigh as àillidh snuadh...

Nuair a shìn mi dhuit mo làmh
Air an tràigh a' fàgail tìr,
'S ann air èiginn rinn mi ràdh,
"Soraidh leat, a ghràidh mo chrìdh' ". . .

B' ann aig Cnoc nan Deilgean a b' àbhaist don
Chomunn Thirisdeach a bhith a' cumail nan geamach-
an bliadhnail, is tha an sgeulachd seo air a h-aithris
mu dhithis à Baile Phuill a bha aon bhliadhna a' gleac
ri chèile aig na geamaichean. B' e an dithis òganach
Dòmhnall MacIllEathain (Dòmhnall Ruadh Iain
Bhàin a' Chùbair) agus Cailean Dòmhnallach (Cailean
Fhearchair). B' e duine mòr, làidir a bha an Dòmhnall
is cha robh ann an Cailean ach duine beag tiugh. Ach
b' e deireadh na cùise gun deachaidh buaidh an latha
le Cailean.
    Bha caraid do Dhòmhnall Ruadh sa chuideachd
is thuirt e ri Cailean nach saoileadh e riamh gum biodh
e an comas do dhuine cho beag Dòmhnall Ruadh a
leagail, ach thionndaidh Cailean air is thuirt e, "Chan
eil ann ach rud a chleachd mise gu tric, leud a dhroma
a thoirt dha de mhachair Bhaile Phuill!"
    Os cionn Tràigh Bhàigh tha tolman uaine, is tha

Kenovay
   G. *Ceann a' Bhàigh*, 'Head of the Bay'

Kenovay's northern boundary is Cladach a' Chrògain ('Shore of the Thornbush'), and it is bounded by Cornaigbeg and Balephetrish. On its southern boundary is the township of Crosapol.

At one time Kenovay was the largest township on the island, and in 1779 it had a population of 145. Again, there was a Pictish broch called Dùn Cheann a' Bhàigh in the township.

Near Rossdhu House are the remains of St Finan's Chapel. As far as I know, the site of the chapel is still clearly marked. Oral tradition says that the small cemetery surrounding the chapel was a burial-ground for unbaptized children, but it is felt that originally young and old found their last resting-place here. It is further said that the last burial took place here some 180 years ago.

beul-aithris ag ràdh gur e seo uaigh nighean an Tighearna Ullain. A rèir na h-aithris, is ann air Tràigh Bhàigh a thàinig a corp air tìr. Ach tha cuid ann a tha a' cur teagamh mòr san sgeul.

Ceann a' Bhàigh

Tha Ceann a' Bhàigh suidhichte ri taobh Cladach a' Chrògain agus tha e an crìch ri Crosabol, Còrnaig Bheag agus Baile Phèadrais.

Aig aon àm, b' e Ceann a' Bhàigh am baile a bu mhotha san eilean, agus an 1779 bha 145 duine a' fuireach ann. A-rithist, bha dùn Cruithneach dam b' ainm Dùn Cheann a' Bhàigh suidhichte air àirde a' bhaile.

Siar air Ros Dubh, tha làrach Teampall an Naoimh Fianan. Bha cladh timcheall an teampaill agus tha beul-aithris ag ràdh gum b' iad clann gun bhaisteadh a bha gan tìodhlacadh an seo. Ach chan eil teagamh ann nach robh sean is òg air an adhlaiceadh ann aig toiseach gnothaich. Tha beul-aithris cuideachd ag ràdh gun do ghabh an tìodhlacadh mu dheireadh àite ann o chionn còrr is ceud is ceithir fichead bliadhna air ais.

Nuair a bha mi nam bhalach, bha bàta-guail (pufair) a' tighinn gu tràigh air Cladach a' Chrògain is bhiodh na croitearan trang le an cuid each is chairtean a' cur a-mach guail aiste.

Cornaigbeg and Cornaigmore

N. *korn*, 'corn', and *vík*, 'bay'; Gaelic *beag*, 'small', and *mòr*, 'big'

These two townships have a common boundary, and Cornaigmore stretches westward to Kilmoluag and southward to the Heylipol march fence. Tiree High School is situated at Cornaigmore.

West of the school lies Loch Bhasapol, and it is here that the young surfers of Tiree train. The island itself is now rated as one of the finest surfing venues in Europe, and world class championships are held there in October. These are quite often shown on television.

It was at Cornaigmore, between Loch Bhasapol and Cornaig beach, that the Battle of the Sheaves was fought between the Tiree men and the Vikings many centuries ago. The natives were busy harvesting corn when the raiders struck. With nothing to defend themselves with but sheaves, the men of Tiree engaged the Norsemen in battle. Blinded with the grain from the sheaves, the enemy fled, but it was only after heavy losses that they managed to gain the safety of their galley.

The bravery of the Tiree men on that day is still heard in a Gaelic adage that may be translated as: "A corn sheaf to its band in the side of a Norseman."

At one time there was a mill at Clachan Mòr ('Big Kirkton') in Cornaigmore and the miller was John MacCallum, who came to Tiree from Mull along with

Còrnaig Bheag agus Còrnaig Mhòr

korn (L.), 'arbhar', agus *vík*, 'bàgh'

Tha an dà bhaile seo siar air Ceann a' Bhàigh agus tha iad an crìch ri chèile. Tha Còrnaig Mhòr an crìch ri Cill Moluag agus an Cruairtean, agus is ann an seo a tha Ard-Sgoil Thiriodh.

Siar air an sgoil tha Loch Bhasaboil, far am bi surfairean òga an eilein a' trèanadh. Tha an t-eilean fhèin a-nis ainmeil mar ionad surfaidh.

B' ann an Còrnaig Mhòir, eadar Loch Bhasaboil agus Tràigh Chòrnaig, a chuireadh Blàr nan Sguab, cath eadar na Tirisdich agus Lochlannaich a thàinig air tìr air Tràigh Chòrnaig. Bha na Tirisdich trang a' buain nuair a bhuail na ruagairean orra. Gun nì eile aca gan dìon fhèin ach sguaban coirce, chaidh na Tirisdich an sàs a chath ris na Lochlannaich. Air an dalladh leis a' ghràinn bho na sguaban, chuir an nàmhaid na buinn ris, ach cha b' ann gun chall, oir cha tug ach àireamh bheag dhiubh a-mach a' bhirlinn air an tràigh.

Tha gaisge nan Tirisdeach fhathast air chuimhne san eilean anns an t-seann fhacal "Sguab choirce gu crìos ann an slios Lochlannaich."

Aig aon àm bha muileann anns a' Chlachan Mhòr an Còrnaig, agus b' ann aig fear Iain MacCaluim a thàinig à Muile a bha e. B' e uisge na Lèana Mòire a bha a' cur mun cuairt na cloiche-muilinn, agus tha làrach an t-srutha fhathast air lorg air a' chrìch eadar Còrnaig Mhòr agus Còrnaig Bheag.

39

his brother – another miller. All the Tiree MacCallums are direct descendants of these men. It was the waters of the Lèana Mhòr ('Big Meadow') that drove the mill. The banks of the mill-lade can still be identified on both sides of the boundary between the two Cornaigs.

There is a story told that, during an exceptionally cold winter some two hundred and fifty years ago, the frost was so severe that the sluice gate was frozen solid. In spite of the efforts of the men who came to grind their corn, they failed to free the gate. They were on the verge of giving up when Donald Cameron, a soldier from Balevullin, happened to be passing by on his way home on furlough after the Battle of Fontenoy.

Wrapping his plaid round the lifting bar, he dislodged the gate with one mighty heave of his manly shoulders. So great was the effort that every button in his gaiters gave way.

Clachan Mòr has for many years been tenanted by a family of MacPhails who originally came to Tiree from Mull, and it is still tenanted by one of the family. The MacPhails were related to Dugald MacPhail, who composed the song *An t-Eilean Muileach* ('The Isle of Mull'). They were rated as Gaelic poets of great merit in Tiree. Willie MacPhail, known on the island as the Croish Bard, belonged to this family. (For some of his poems, see the book *Na Cnuic 's na Glinn*.)

When the Clachan Mòr mill ceased to function, a new mill was built near Loch Bhasapol. It was still working during the first World War and the last miller was Archie MacLean, known locally as Eàirdsidh Ruadh.

South of the mill-house in the stackyard of the farm of Lag nan Cruach ('The Hollow of the Stacks') –

Tha sgeulachd bho bheul-aithris ag ràdh gun robh air aon gheamhradh an aimsir cho fuar is gun robh an tuil-dhoras reòthta cruaidh. A dh'aindeoin gach oidhirp a rinn na gillean a thàinig a bhleith air fhosgladh, cha deachaidh leotha. Bha iad an ìre toirt suas nuair a thàinig Dòmhnall Camshron an rathad – saighdear à Baile Mhuilinn a bha air an t-slighe dhachaigh air fòrladh an dèidh cath Fontenoy.

Na làn-èideadh, chuir e am breacan aige timcheall air a' chrann-thogail, is le aon spìonadh calma thog e an tuil-dhoras. Tha e air a ràdh gun do bhrist e gach ceangal air na gartain leis an spàirn. Tha seachad air dà cheud gu leth bliadhna on a thachair seo.

An làithean m' òige, b' ann aig teaghlach de Chloinn Phàil, a thàinig o thùs à Muile, a bha aonta air a' Chlachan Mhòr, agus tha a' chùis mar sin gus an là an-diugh. B' iad bàird ainmeil a bha sna daoine seo, agus bha càirdeas aca ri Dùghall MacPhàil, a rinn *An t-Eilean Muileach*. B' ann dhiubh a bha Uilleam MacPhàil, Bàrd na Croise. (Faic an leabhar *Na Cnuic 's na Glinn*.)

Nuair a chaidh muileann a' Chlachain à bith, chaidh muileann ùr a thogail faisg air Loch Bhasaboil agus bhatar a' bleith an seo ri linn a' Chiad Chogaidh. B' e Gilleasbaig MacIllEathain (Eàirdsidh Ruadh) am muillear mu dheireadh a bha an Còrnaig.

Deas air a' mhuileann tha Lag nan Cruach, a rinneadh ainmeil leis an sgiobair Aonghas Mac-Laomainn anns an òran *Lag nan Cruachan*. B' ann an seo a bha an caibeal aig an Naomh Brìde. Chan eil lorg air an togalach an-diugh ach tha na clachan a bha a' comharrachadh nan uaighean rim faicinn

a place made famous by Captain Angus Lamont in his sea-song *Lag nan Cruachan* – was the site of Kilbride's Chapel. Not a trace of the building remains, although some of the stones that marked the graves are still strewn about. Human remains were found here many years ago.

In Cornaigbeg, near Moidhir-mheall (N. *moar*, 'moor', and G. *meall*, 'hill') lies a massive standing stone referred to by the late Rev Hector Cameron as Spitheag an Fhamhair ('The Chip of the Giant' – N. *spík* and G. *famhair*). According to Cameron, the stone was flung by a giant, who lived in a cave in Kenavara Hill some four miles away, after another giant who tried to invade his territory.

But this is not the story as I heard it many years ago from my maternal uncle Donald MacDonald, who was himself an authority on oral tradition. According to him, it was a giant from Ben Hynish who flung the stone, which landed in the township of Balinoe.

In Cornaigbeg, in the vicinity of a place known locally as Gàrradh Mhoirein ('St Mirren's Garden'), an underground dwelling was discovered early this century. Its exact locale is not known today.

The mother of the late Nan D Hunter, Mod Gold Medallist at Perth in 1954, was a native of Cornaigmore. Her maiden name was MacPhail.

fhathast. Deas air seo, ri taobh an rathaid mhòir, tha Creag Bhrìde.

A rèir an Urr. Eachann Camshron nach maireann, tha creag mu dhusan troigh an àirde dan ainm Spitheag an Fhamhair faisg air mullach Meall Mhoidhir an Còrnaig Bhig. A rèir a' Chamshronaich, thilg famhair, a bha a' còmhnaidh an uaimh am Beinn Chinn a' Bhara, a' chlach seo às dèidh nàmhad.

Ach cha b' i sin idir an sgeul mar a chuala mise i nam bhalach. A rèir Dhòmhnaill bràthair mo mhàthar – is bha esan gu math fiosrach am beul-aithris – b' e famhair à Beinn Haoidhnis a thilg a' chlach às dèidh famhair eile a bha a' bagairt air, agus tha i ri faotainn sa Bhaile Nodha.

Chaidh taigh-falaich a lorg faisg air Gàrradh Mhoirein an Còrnaig Bhig, ach chan eil fios no fàth air an-diugh.

B' ann à Còrnaig Mhòr a bha màthair Anna Nic an t-Sealgair nach maireann, a choisinn Bonn Oir a' Chomuinn aig Mòd Pheairt sa bhliadhna 1954.

43

Kilmoluag
G. *ceall*, *cill*, 'cell'; Moluac, an Irish saint

This township got its name from Moluac's chapel, which was situated at Croish. Not a trace of the building remains, for it has long since disappeared under the sands that blew over it from the Croish machair.

On the north side of Kilmoluag is the Green, and down below it is Port Bhiostadh (Gaelic *port*, 'harbour', and N. *vist*, 'west'). At one time there was a pier at Port Bhiostadh, and the East Coast fishing boats used it as a base, as did the locals. It was the men from the East Coast who named the place 'The Green.' The farmhouse at Croish was at this time a licensed inn, and it was here that Donald Lamont from Ruaig, known locally as 'the Currier', vanquished a much vaunted champion from the East Coast.

Sir Donald MacLean father's came from Kilmoluag. Sir Donald was the father of Donald MacLean, the diplomat who fled to Russia with Burgess. And it was from a croft in Kilmoluag that Colonel Jock Campbell, known as *am Bàillidh Mòr* ('the Big Factor'), evicted another MacLean known locally as *an Dall* ('the Blind Man') because of his infirmity. When the factor's henchmen arrived to evict him, they found their way into the house barred. Frustrated at every turn, they proceeded to remove the roof from the house. This terrible deed was perpetrated in the middle of winter.

Cill Moluag

Fhuair am baile seo an t-ainm bhon teampall aig Moluag a bha suidhichte sa Chrois. Chan eil lorg air làrach no eile an-diugh, oir is fhada on latha sin anns an do shèid siaban na Croise thairis orra.

Air ceann a tuath Chill Moluag tha an Green, agus shìos fodha tha Port Bhiostadh, far an robh ceidhe beag far an robh bàtaichean-iasgaich on Aird an Ear a' tighinn. B' iad na h-iasgairean seo a thug 'an Green' air an àite. Bha taigh-òsda an taigh na Croise aig an àm seo, agus b' ann an seo a chuir Dòmhnall MacLaomainn ('an Currier') à Rubhaig an ruaig air curaidh treun bho Aird an Ear na h-Alba o chionn iomadh bliadhna air ais.

B' ann à Cill Moluag a bha athair Shir Dhòmhnaill MhicIllEathain. B' e Dòmhnall seo a b' athair do Dhòmhnall MacIllEathain a theich don Ruis còmhla ri Burgess. Agus b' ann à croit an Cill Moluag a chuir an Còirneal Iain Caimbeul, am Bàillidh Mòr, Leathanach eile à sealbh. A bhrìgh gun robh an seann duine bochd seo gun fhradharc, b' e 'an Dall' a theirte ris. Nuair a thàinig an latha anns an robh e ris a' chroit is an taigh fhàgail, thàinig am maor 's a chuid ghillean. Ach fhuair iad an Leathanach glaiste am broinn an taighe. Gun seòl aca air bristeadh a-steach, thug iad an ceann bhàrr an taighe, eadar sgrathan is chabair. B' ann am meadhan a' gheamhraidh, ri frasan sneachda, a rinneadh an gnìomh uabhasach seo.

45

In the sand-dunes between Kilmoluag and Balevullin there is a very ancient burial site, and a human skeleton found there many years ago is on display in the Glasgow Art Galleries. It is reckoned to belong to a prehistoric age. The site itself has long disappeared under drifting sand. On a rock above Balevullin Bay was situated a broch known locally as Dùn Bheannaig ('The Fort of the Corner'). Some pottery, the remains of kitchen-middens and bones have been found in its vicinity.

Muileann Chòrnaig / the 'new mill' nr Loch Bhasapol

Am measg nam bacannan eadar Cill Moluag is Baile Mhuilinn, falaichte fon ghaineimh, tha fìor sheann chladh, is tha creatlach a chaidh a lorg ann ri fhaicinn ann an Taigh nan Ealain an Glaschu. A rèir coltais, buinidh an creatlach seo do linn ro eachdraidh. Air creig os cionn Tràigh Bhaile Mhuilinn tha làrach Dhùn Bheannaig, agus chaidh trealaichean is cnàmhan a lorg faisg air.

Is ann à Cill Moluag a tha Alasdair, athair Màiri Anna agus Wilma NacUalraig, a choisinn le chèile Bonn Oir a' Chomuinn – Màiri Anna an Glaschu sa bhliadhna 1988 agus Wilma an Inbhir Pheofharain an 1991. Tha e fhèin air a bhith a' sgrìobhadh 'Litir Ghlaschu' ann an *Tìm an Obain* o chionn corra bhliadhna.

Balevullin
G. *Baile (a') Mhuilinn*, 'Town of the Mill'

Balevullin lies west of Kilmoluag and the township is made up of seventeen crofts. There is a row of houses in one part of the village known locally as An t-Sràid Ruadh ('Red Street'). Flowing through the village is An Abhainn Bhàn ('The White River'). This was the rivulet that drove the mill.

Over a hundred years ago Balevullin had a small school. It was eventually taken over by Moss Parish Church (known now as Heylipol Church) and converted into a mission-house. Only the walls now remain.

It was on the Sràid Ruadh that Mary Ann Campbell, a noted Gaelic playwright in her day, was born and reared. Also born and brought up here was Donald Kennedy MN, who spent five long years in a German prisoner-of-war camp during the last war. Donald still lives on Red Street.

There were two brochs situated in the township, one called Dùn Boraige Mòire ('Fort of the Big Stronghold' – N. *borg*, 'stronghold'). It was excavated over a hundred years ago and found to be very large and of formidable strength. It is situated west and south of Balevullin Bay.

The second fort, Dùn Boraige Bige ('Fort of the Small Stronghold'), is situated near the larger. It was built on the shoreline and was surrounded by the sea at high tide, hence the artificial causeway.

On the Balevullin side of Ben Hough is a place known as Gàrradh-Grèin ('Sun-Enclosure' or 'Sunny Enclosure').

Baile Mhuilinn

Tha Baile Mhuilinn na laighe siar air Cill Moluag agus tha seachd croitean deug ann. Tha sreath thaighean ann an ceàrn dheth dan ainm an t-Sràid Ruadh. Tha sruthan beag a' ruith tron bhaile dan ainm an Abhainn Bhàn. Aig aon àm b' e an sruth seo eas a' mhuilinn.

Ceud bliadhna is còrr air ais, bha taigh-sgoile beag sa bhaile, agus bha e an dèidh sin na thaigh-coinneimh fo ùghdarras Eaglais na Mòintich. Chan eil an làthair an-diugh ach na tobhtaichtean.

Is ann air an t-Sràid Ruaidh a rugadh 's a thogadh Màiri Anna NicFhionghain (Màiri Ann Sheonaidh Mhòir), a sgrìobh iomadh deagh dhealbh-chluich na latha. B' ann an seo cuideachd a rugadh 's a thogadh Dòmhnall MacUalraig (Dòmhnall Eachainn Cheanadaich), a chuir na ghille òg seachad còig bliadhna na phrìosanach-cogaidh sa Ghearmailt. Tha Dòmhnall còir fhathast a' fuireach air an t-Sràid Ruaidh.

Bha dà dhùn Cruithneach sa bhaile, Dùn Boraige Mòire agus Dùn Boraige Bige. Tha Dùn Boraige Mòire suidhichte mu mhìle siar is deas air Bàgh Bhaile Mhuilinn. Rinneadh cladhach air o chionn ceud bliadhna air ais agus chan eil teagamh ann nach b' e dùn mòr a bha ann. Beagan sear air tha Dùn Boraige Bige, is bha esan air a thogail aig gob na tuinne is bha e air iadhadh leis an làn.

Air taobh Bhaile Mhuilinn de Bheinn Hogh tha Gàrradh Grèin.

Hough
N. *haugr*, 'burial-place'

Hough is situated west and south-west of Balevullin. It was one of the estate farms until it was broken into crofts in 1912. It was rated as one of the best farms on the island at the time.

The coastline west and north of Hough is very treacherous, and in the latter part of the 19th century two young men were drowned when their boat foundered on a reef when they were out fishing. Although unable to swim, the third member of the crew managed to gain the safety of the shore.

On the boundary of Hough is a place called Crois Geàrr ('Enclosure Cross', from G. *crois* and N. *gardhr*, 'enclosure'). It was from here that the bard Donald MacDonald left to settle in Barra. Some of his poetry is to be found in the book *MacDonald Bards from Mediaeval Times*. According to the late Calum MacDonald from Caolas, MacDonald, with the rest of the Catholics on Tiree, was driven out of the island by the Rev Archibald MacColl, minister there around the beginning of the 19th century. According to Mac-Donald, this was done with the blessing of the estate.

As far as I am aware, there are descendants of MacDonald still to be found on Barra. MacColl compiled the 1793 *Statistical Report* of the Parish of Coll and Tiree.

Quite a number of years ago, before Hough Farm was divided into crofts, the famous Tiree seer John

Hogh

haugr (L.), 'àite-adhlacaidh'

Tha Hogh suidhichte an iar 's an iar-dheas air Baile Mhuilinn. B' e tuathanas a bha ann gus an deachaidh a bhristeadh na chroitean ann an 1912. B' ann aig an oighreachd a bha an tuathanas, agus bha e air a mheas mar fhearann cho math 's a bha san eilean.

Is e cladach mealltach a tha siar agus tuath air Hogh, agus aig deireadh na naoidheamh linn deug chaill dithis ghillean am beatha nuair a bhrist bodha orra 's iad a-mach ag iasgach. Ged nach dèanadh e buille snàimh, fhuair an treasa fear den chriù sàbhailte gu tìr.

Air crìochan Hogh, tha àite dan ainm Crois Geàrr, agus is ann às a dh'fhalbh am bàrd Dòmhnall Dòmhnallach gu ruige Barraigh mun bhliadhna 1800. A rèir mar a chuala mi aig Calum Dòmhnallach nach maireann (Calum Alasdair a' Ghobhainn), b' e a b' adhbhar dha falbh gum b' e Caitligeach a bha ann, agus chuireadh na Caitligich uile air fògair à Tiriodh aig an àm seo leis an Urr. Eàirdsidh MacColla. Cho fhada 's as aithne dhomh, tha sìol an Dòmhnallaich fhathast am Barraigh.

Bliadhnachan math mun do bhristeadh Hogh na chroitean, dh'innis Iain Mac Eachainn Bhàin – am fear-coimhid thairis air an fhearann – don Bhàillidh MacDhiarmaid gun rachadh an tuathanas air an robh e cho measail a bhristeadh. "Thig còmhla rium is seallaidh mi dhuit far am bi crìochan nan croitean,"

51

MacLean, who at the time was the farm overseer, told Hugh MacDiarmid the factor that the farm was destined to be broken up. One day when the factor was fault-finding concerning the management of his favourite farm, MacLean said to him, "Come with me and I will show you where the croft boundaries will be."

MacLean made another prophecy that has yet to be fulfilled. He said that the plain behind Ben Hough would be overrun with sheep without a single person left on the island to control them.

On a rocky knoll at the back of Ben Hough lies Dùn Carragh Staoin ('The Fort of the Pillar Stone of Steyn' – a Norse personal name – or perhaps 'of the Juniper Pillar Stone'). A trace of it still remains. On the western slope of the hill is Tobar nan Naoi Beò ('The Well of the Living Nine'). Tradition says that a widow residing near the well kept herself and her eight children alive on shellfish and the life-giving water of the spring.

On a promontory at the north end of Tràigh Thorasdail ('The Beach of Thori's Dale', Thori being a N. personal name) are the remains of Dùn Hainis (N. *haf*, 'ocean', and *nes*, 'point'). West of that is Cràiginis (N. *kraki*, 'crooked', and *nes* again), the most westerly part of the island. Here, over a hundred years ago, there lived a family Cameron, but they all moved to Miodar in Caolas when given land there.

thuirt Iain ris nuair a bha e a' dèanamh tàir air mar fhear-coimhid.

Rinn an Leathanach fàisneachd eile a thaobh Hogh nach tàinig fhathast gu buil. Thuirt e gum biodh an rèidhlean a tha air cùl na beinne làn chaorach is gun duine air fhàgail san eilean a chuireadh làmh annta.

Air cnoc creagach ris a' chladach, air cùl na beinne, tha Dùn Charragh Staoin, agus tha beagan den làrach air lorg fhathast. Air slios shiar na beinne tha Tobar nan Naoi Beò. Tha beul-athris ag ràdh gun do chùm bantrach bhochd i fhèin is a h-ochdnar chloinne beò air maorach is fìor-uisge an fhuarain.

Air rubha air a' cheann a tuath de Thràigh Thòrasdail tha Dùn Haidhnis, agus tha beagan den bhalla fhathast air lorg. Siar air Dùn Haidhnis tha Cràiginis, an rinn as fhaide siar den eilean. O chionn ceud bliadhna air ais, bha teaghlach den t-sloinneadh Camshron a' fuireach air an rubha, ach dh'fhàg iad uile nuair a fhuair iad fearann a' Mhìodair sa Chaolas.

53

Kilkenneth

'Kenneth's Church' – G. *cill*, 'cell' or 'church', and *Coinneach*, Kenneth

Kilkenneth lies west and south of Hough and is named after St Kenneth, a close friend of St Columba and the founder of the monastery of Aghaboe in Ireland. Part of the wall of St Kenneth's Chapel is to be seen west of the public road. Human remains have been found here from time to time. At the beginning of the century, a copper bell was unearthed which is now in Inveraray Castle.

West of the chapel, near the shore, are the remains of several cairns. Oral sources say that this was the site of a large Viking burial ground. As it is situated near Ben Hough, it can be assumed that this was how the Norse name *Haugr*, giving Hough, originated.

About eighty years ago John MacIntyre, a crofter in Kilkenneth, discovered an underground dwelling on his holding when he was out ploughing. When the sock of the plough hit a large stone or slab, John noticed that it moved on impact.

After retiring for lunch, he returned with a crowbar and, being a powerfully built man, he did not take long to dislodge the slab. Below was an opening that led to an underground cavern. He descended into it with a neighbour, and they discovered a walled vault. Some earthenware utensils and other odds and ends were found in it. It is said that this was the hiding-

Cille Choinnich

Tha Cille Choinnich na laighe siar is deas air Hogh is tha e air ainmeachadh air an Naomh Coinneach, dlùth-charaid do Chalum Cille. B' e Coinneach a stèidhich manachain Achadh Bhó an Eirinn. Tha cuid den bhalla aig Teampall Choinnich air sgeul fhathast, agus fhuaras duslach timcheall air an làrach. Aig toiseach na linn seo fhuaras clag copair is tha e an-diugh an Caisteal Inbhir Aora.

Siar air an teampall tha cùirn, is a rèir beul-aithris bha cladh Lochlannach suidhichte nan taic. On a tha an cladh seo dlùth air crìch Hogh, is cinnteach gur ann bhuaithe a thàinig *Haugr*, an t-ainm Lochlannach a thug dhuinn Hogh anns a' Ghàidhlig.

O chionn ceithir fichead bliadhna air ais lorg fear Iain Mac an t-Saoir (Iain Chailein) taigh-falaich air a' chroit aige. Air dha a bhith a-mach a' treabhadh, bhuail soc a' chruinn clach mhòr is mhothaich Iain gun do ghluais i fon bhuille.

Air dha na gearrain fhuasgladh aig àm na dìnnearach, thill e le geimhleig, is on a b' e duine mòr, calma a bha ann, cha b' fhada gus an do thog e an leac suas às an talamh. Shìos fodha bha fosgladh, agus air dha fhèin is do choimhearsnach a dhol sìos dè a bha aca ach taigh-falaich. Tha e air a ràdh gun do lorg iad crogain is trealaich eile san taigh. A rèir beul-aithris, b' e seo an taigh-falaich aig a' chiad Bhrùnach a thàinig

55

place of the first Brown to come to Tiree. Seemingly he was an outlaw from Ireland, having committed some foul deed there.

On a hillock above Kilkenneth stands a cairn erected in honour of the late Rev Donald MacCallum, a minister from Kilmartin. MacCallum came from Skye to the Parish of Heylipol in 1887 and left for Lochs in Lewis two years later. But that did not in any way diminish the esteem in which he was held by crofter and cottar alike, for he did much to right some of the wrongs that were endemic on Tiree at the time. (See the Gaelic article on him in the book *Baragab*.)

don eilean nuair a bha e fo choill an dèidh teicheadh
le bheatha à Eirinn. Chaidh Iain Chailein thairis gu
Astràilia an dèidh a' Chogaidh Mhòir.

Air àirde Chille Choinnich tha Tùr MhicChaluim,
mar chuimhneachan air a' mhinistear bheag à Cille
Mhàrtainn a bha cho dian air taobh nan coitearan is
nan croitearan rè àm aimhreit an fhearainn anns an
Eilean Sgitheanach, an Tiriodh is an Leòdhas. Thàinig
e do dh'Eaglais na Mòintich às an Eilean Sgitheanach
ann an 1887, is ged nach robh e ach dà bhliadhna san
eilean, thog na Tirisdich an càrn seo a chur urraim
air ainm.

Sgrìobhte air a' chàrn tha na facail "Bàs no
buaidh." Agus tha ràdh san eilean gus an là an-diugh:
"Is ann le Dia tha an talamh air a bheil Tùr
MhicCaluim." (Faic 'An t-Urramach Dòmhnall
MacCaluim 1849-1929' san leabhar *Baragab*.)

Greenhill

G. *Grianal*, from N. *groene*, 'green', and *vollr*, 'field'

As one travels south, Greenhill has a common boundary with Kilkenneth. Greenhill was a tack until it was broken up into crofts in 1912. At the end of the eighteenth century the lease was held by Colin MacNiven, but when he fell in arrears with his rent, he lost the farm. He then emigrated to Nova Scotia.

The next tacksman was Lachlan MacLean, who held the lease until he died in 1885. It is said that MacLean was a strange man and that he dabbled in black magic. Oral tradition says that black pigs frequently came ashore on Greenhill beach and could be seen running about on the machair just a short distance below the farmhouse.

Another story is told of a man from the neighbouring village of Sandaig who went to visit MacLean of a winter's evening. Seemingly he overstayed his welcome. When there were no signs of his leaving for home, the lamp on the table beside him took off and floated round the room. As if this was not enough, MacLean's boots started to walk round the room. It is little wonder that the visitor took off home in a hurry!

When MacLean died the tack came up for lease, but although his son Donald Archie offered a rental of £96 per annum, this was turned down flat by the factor Hugh MacDiarmid, who had better fish to fry at the time. There were many cottars and crofters on the

Grianal

groene (L.), 'gorm', agus *vollr*, 'achadh'

A' dol gu deas, tha Grianal an crìch ri Cille Choinnich. B' e tac a bha an Grianal gus an deachaidh a bhristeadh na chroitean an 1912. Aig deireadh na 18mh linn, b' ann aig Cailean MacCrithein (Fear Ghrianail) a bha a' ghabhail. Ach nuair a chaidh e ann am fiachan leis a' mhàl, chaill e an tac is chaidh e thairis gu Alba Nuaidh.

An sin fhuair Lachainn MacIllEathain an tuathanas air mhàl agus bha e aigesan gus an do shiubhail e an 1885. Tha beul-aithris ag ràdh gum b' e duine neònach a bha san Leathanach agus gum b' e dubh-sgoilear a bha ann. Tha e air innse dhuinn gum biodh mucan dubha gu tric a' tighinn air tìr air Tràigh Ghrianail agus gum biodh iad a' rèiseadh air an rèidhlean machrach shìos fon taigh mhòr.

Tha sgeul eile air a h-aithris mu fhear à Sanndaig a chaidh air chèilidh air MacIllEathain air oidhche gheamhraidh. A rèir coltais, bha an cèilidh fadalach. Nuair nach robh iomradh aige air dol dhachaigh, dh'èirich an lampa a bha air a' bhòrd ri thaobh is chuir i cuairt air an t-seòmar. Is mar nach robh sin gu leor, chuir brògan a' bhodaich cuairt air an rùm. Cha b' iongnadh idir e ged a thug am fear-cèilidh na buinn às!

An dèidh bàs MhicIllEathain chaidh an tac suas air thairgse, ach ged a chuir a mhac Dòmhnall Eàirdsidh a-steach tairgse £96 cha d' fhuair e i. Agus

island, but high rents and many other injustices had left them frustrated and angry, and the newly formed Land League was preaching insurrection.

Their president was Neil MacNeill, a crofter from the village of Ruaig. However, he turned out to be a man of little substance, and he was bought over by MacDiarmid when promised that, in return for information about the plans of the League, his brother Lachlan would be granted the lease at Greenhill. When it became known to the League that MacNeill had sold them down the river, and that his brother had been given the lease for £80 per annum, all hell broke loose and he was immediately removed as president, the post going to Donald Sinclair, a cottar from Barrapol. On the day the brothers set out to take possession of the tack, they were met and turned back home by members of the League, who then proceeded to occupy the tack themselves.

Outraged, MacDiarmid sought assistance from the Estate, who sent a force of policemen to the island to serve summonses on the leaders of the League. They headed for the village of Balephuil, only to be routed by a band of crofters and cottars. The outcome was that they had to leave the island by the first available steamer. It was then that the marines arrived and marched to Greenhill with fixed bayonets, but the rebels were under strict orders not to resist. A week later six were arrested, including Donald Sinclair.

They were incarcerated in Inveraray gaol, but were released on surety of £20 each paid by Lachlan MacQuarrie, a merchant from Balemartine. At the beginning of September a further six were arrested, and the matter ended when eight were tried in the b' i a' chealgaireachd a bha na lùib seo, oir bha cùis eile aig Eòghann Dubh MacDhiarmaid ri coimhead rithe. Bha mòran choitearan san eilean, agus eadar sin agus àrdachadh màil, bha croitear is coitear air fìor dhroch ghleus, is bha Dionnasg an Fhearainn gam brosnachadh gu ar-a-mach.

Na cheannard air an Dionnasg bha Niall MacNèill, croitear à Rubhaig. Ach cha robh ann ach duine gun mhiadh, is cheannaich am bàillidh e le gealladh gum faigheadh a bhràthair Lachainn an tac. Agus an uair a thugadh dha i air tairgse £80, chaidh am blàr air feadh na fìdhle. Chaidh MacNèill a chur à dreuchd, is thagh an Dionnasg Dòmhnall Mac na Cearda à Goirtean Dòmhnaill na cheann-suidhe na àite. Air an latha san do thog na bràithrean orra a ghabhail scilbh air an tac, chaidh an tilleadh dhachaigh le buidheann bho Dhionnasg an Fhearainn. An sin thog cuid dhiubh orra gu ruige Grianal is gu mì-laghail ghabh iad os làimh am fearann, a' cur na sprèidhe aca fhèin air.

Air fhearas mòr, chuir MacDhiarmaid airson cobhrach gu Inbhir Aora, is chuir an oighreachd poileasmain don eilean a chur nan ceannaircean an làimh is a chur smachd air cùisean. Rinn iad air Baile Phuill, ach chuir na croitearan is na coitearan an ruaig orra, is b' e deireadh na cùise gum b' fheudar dhaibh teicheadh às an eilean. Sin mar a thàinig na saighdearan, ach bha òrdain theann aig na Tirisdich gun dùbhlan a thoirt dhaibh. Seachdain an dèidh dhaibh tighinn chuir iad sianar an sàs – nam measg Dòmhnall Mac na Cearda.

Chaidh an glasadh am prìosan Inbhir Aora, ach cha robh iad fada fo chìs nuair a leigeadh mu rèir iad

61

High Court in Edinburgh. Five were sentenced to six months in prison. The other three got four months.

When Greenhill was broken up into crofts, my grandfather Neil MacDonald from Moss (Niall Mòr), a member of the Land League, was given a croft of eleven acres.

nuair a phàigh Lachainn MacGuaire, marsanta à Baile
Mhàrtainn, fichead not an urras air gach aon aca. Aig
toiseach na Sultaine chaidh sianar eile a chur an
làimh, agus b' e deireadh a' ghnothaich gun deachaidh
ochdnar a tharraing gu cùirt an Dùn Eideann, far an
deachaidh còignear a chur don phrìosan airson sia
mìosan agus an triùir eile airson ceithir mìosan.

Nuair a chaidh Grianal a bhristeadh, fhuair mo
sheanair, Niall Mòr, ball de Dhionnasg an Fhearainn
ri linn an ar-a-mach, croit ann.

Air crìch Ghrianail agus Shanndaig tha àite dan
ainm a' Chachaileith Dhubh.

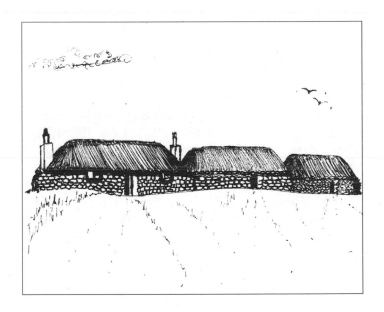

Sandaig
    N. *sandr*, 'sand', and *vík*, 'bay'

Sandaig is south of Greenhill and has a restaurant called 'The Glassary'. It is owned by Donald MacArthur and his wife Mabel. Mabel was at one time well known among Glasgow Gaels as an outstanding Gaelic actress and a Gaelic singer of some repute.

On a dark and stormy night in 1940, the destroyer HMS *Sturdy* ran aground on Sgeir an Latharnaich ('The Lorn's Man's Reef') on Sandaig beach. She broke her back. In command was Lieut-commander Cooper RN. Four members of the crew were drowned, but one managed to get ashore and reach the houses in Sandaig. Captain Donald Sinclair, home on leave from the Merchant Navy, was sent for, and he went down to the shore and sent a Morse signal to those on board the stricken vessel to stay where they were until daybreak. It is said that there would have been a greater loss of life but for this timely action. Captain Sinclair himself lost his life in the Battle of the Atlantic a couple of years later.

Sandaig had a famous seer by the name of John MacKinnon. Stories of his premonitions are still told on the island. He had a son Donald who was an exceptionally fine fiddle player and who was referred to on the island as 'am Fìdhlear' ('the Fiddler').

Sanndaig

sandr (L.), 'gainmheach', agus *vik* , 'bàgh'

Tha Sanndaig deas air Grianal agus tha taigh-bìdh
ann dan ainm 'a' Ghlasairigh'. Is ann aig Dòmhnall
MacArtair agus a chèile Mabel a tha e. Aig aon àm de
beatha, bha Mabel glè ainmeil am measg Ghàidheal
Ghlaschu mar bhana-actair Ghàidhlig agus mar
sheinneadair.

Anns an Dàmhair sa bhliadhna 1940, air oidhche
stoirmeil, dhorcha, chaidh an diostroidhear HMS
Sturdy air tìr air Sgeir an Latharnaich air cladach
Shanndaig. Na sgìobair oirre bha an Lioftaineant-
comanndair Cooper RN. Gu mì-fhortanach, chaidh
ceathrar ghillean aiste a bhàthadh, ach fhuair aon gu
talamh tioram is thug e a-mach taighean Shanndaig.
Chuireadh an sin fios air an Sgiobair Dòmhnall Mac
na Cearda (Dòmhnall an Dan), a bha dhachaigh air
fòrladh an Grianal aig an àm, is chaidh esan sìos
gu 'n chladach is chuir e sanas am Morse gu 'n chriù
fuireach far an robh iad gu soillse an latha. Tha e air
a ràdh mura bitheadh sin gun robh barrachd call ann.
Chaidh Dòmhnall fhèin a chall am Batal a' Chuain
Shiair mu dhà bhliadhna an dèidh sin.

B' ann à Sanndaig a bha an taibhsear ainmeil
Iain MacFhionghain (Iain Mac Chaluim), agus tha
iomradh air cuid de fhiosachd san eilean fhathast. Bha
mac aige air an robh Dòmhnall is bha esan na
fhìdhlear ainmeil na latha.

Middleton

G. *Am Baile Meadhanach*, 'The Middle Town'

Middleton is situated east of Sandaig, and on the way south it has a common boundary with Barrapol.

Just over the eastern boundary between Sandaig and Middleton stood the kelp factory belonging to the North Chemical Company. The manager was a Irishman by the name of Slavin. There was a shop and store near the factory, and all employees were paid by a barter system.

John Brown composed a Gaelic song about it, and here is one of the verses in translation:

> *Wait while I tell you about the corrupt band*
> *Working so hard for Slavin*
> *Bringing tangles from*
> > *below the high water mark –*
> *It is the white coat that is important.*

On the machair, close to the Barrapol march-fence, is the old Christian burial-ground of Cnoc a' Chlaidh ('The Knoll of the Churchyard'). It has long disappeared under the fine sand blown from the open banks by the fierce Atlantic gales.

Adjoining the burial-ground is the site of a level circle of 12 yards in diameter. It is strewn with broken stones. In the centre is a smaller circle 4 feet in diameter. This must have been part of the ancient burial-ground. When I was a young boy, an old

Am Baile Meadhanach

Tha am Baile Meadhanach suidhichte sear air Sanndaig, is a' dol gu deas tha e air crìch Ghoirtean Dòmhnaill.

B' ann rud beag sear air crìch Shanndaig a bha a' Ghlasairigh – an taigh-cèairde aig an North British Chemical Company. B' ann ri losgadh ceilpe a bha an taigh-cèairde, agus b' e Eireannach dam b' ainm Slavin a bha na mhanaidsear ann.

Bha bùth agus stòr aig a' chompanaidh faisg air a' Ghlasairigh agus b' ann le stuth às an stòr a bhatar a' pàigheadh an luchd-obrach. Seo rann à òran a rinn Iain Brùn. Tha an t-òran ri fhaighinn san leabhar *Na Cnuic 's na Glinn.*

> *Gun inns mi dhuibh mun chomann bhreun*
> *Tha 'g obair treun aig Sleevin*
> *A' tarraing stamh bho bheul an làin -*
> *'S e 'n còta bàn tha prìseil.*

Air a' mhachair – faisg air crìch Ghoirtean Dòmhnaill – tha Cnoc a' Chlaidh. Chan eil lorg air an-diugh, oir is fhada sin on a chaidh e air chall fo shiaban na machrach.

Faisg air Cnoc a' Chlaidh, tha cearcall chlachan mu dhusan slat an croislinn, agus am meadhan a' chearcaill seo tha cearcall eile mu cheithir troighean an croislinn. Chan eil teagamh ann nach buin an

67

gentleman told me that it was common to find large copper pins on this site.

Near to Cnoc a' Chlaidh is a spring called Tobar an Dòmhnaich ('The Lord's Well') whose water is reputed to have healing powers. On the moor, near the eastern boundary of the township, is another spring reputed to be a spa.

làrach seo don chladh is nach eile daoine tìodhlaicte ann. Nuair a bha mi nam bhalach, chuala mi aig bodach còir gun robh e cumanta prìneachan copair a lorg air an làrach.

Siar air Cnoc a' Chlaidh tha Tobar an Dòmhnaich, agus tha beul-aithris ag ràdh gu bheil buadhan leighis san uisge. Ann an sliabh a' Bhaile Mheadhanaich tha tobar eile de dh'fhìor-uisge agus tha beul-aithris ag ràdh gur e spatha eile a tha ann.

Barrapol

N. *bara*, 'burial-ground', and *ból*, 'town'

Barrapol is situated on the south-west extremity of the island and in acreage it is the largest township in Tiree. It got its Gaelic name, Goirtean Dòmhnaill ('Donald's Little Farm'), because it was here that the MacDonald chamberlain resided when the Lord of the Isles held sway in Tiree. Near to the Heylipol boundary is the parish church – referred to as Eaglais na Mòintich ('Moss Church') in Gaelic and Heylipol Parish Church in English. This beautiful church was built in 1902-03.

When my father was a boy in Barrapol, there was an illicit still near Lochphuil called Taigh an Lòin ('House of the Small Brook'). During the Second World War, a seam of magnetic ore was discovered in the vicinity of the site of the still. But the existence of this ore had long been known to the local people.

A short distance north of the still is the birthplace of Donald Sinclair, President of the Land League at the time of the crofters' insurrection of 1886. But Donald is better remembered today as a spiritual poet of much merit. Here is a translation of the chorus of his best known Gaelic hymn:

> *The old, old story, it is ever new,*
> *The old, old story praising God anew;*
> *As Christ was crucified to save my sinful soul,*
> *I love that old, old story.*

Goirtean Dòmhnaill

Tha Goirtean Dòmhnaill suidhichte air ceann na h-àird an iar-dheas den eilean, agus is e am baile fearainn as motha san dùthaich. Fhuair e an t-ainm Goirtean Dòmhnaill a bhrìgh gum b' ann ann a bha taigh seumarlain nan Dòmhnallach nuair a bha Tiriodh san oighreachd aca. Faisg air crìch a' Chruairtein tha eaglais na sgìre – Eaglais na Mòintich sa Ghàidhlig ach Eaglais a' Chruairtein sa Bheurla.

Nuair a bha m' athair na bhalach, bha taigh ri taobh Loch Phuill a bha a' tarraing is a' reic uisge-bheatha. B' e Taigh an Lòin a theirte ris. Ri linn an Dara Cogaidh, chaidh mèinn iùil-tharraingeach a lorg faisg air an taigh seo.

Is ann tamall às Taigh an Lòin a rugadh 's a thogadh Dòmhnall Mac na Cearda, an ceann-suidhe air Dionnasg an Fhearainn ri linn ar-a-mach nan croitearan. Ach is ann mar bhàrd spioradail a tha cuimhne air san eilean an-diugh.

An t-seann sgeul sin, tha i daonnan nuadh,
An t-seann sgeul sin mu fhulangas an Uain;
Mar chaidh Ìos' a cheusadh a shaoradh m' anam
truagh –
Is toigh leam an t-seann, t-seann sgeul sin.

Air a' mhachair, os cionn Loch Phuill, tha 'Land' Lag an t-Seagail. Ciamar a fhuair e an t-ainm seo, chan

71

About fifty yards west of Lochphuil is a place known as Land Lag an t-Seagail ('Rye Hollow'). How the name 'Land' came about is unknown. When I was a schoolboy, there were six cottages on the Land – each one occupied. Here is a translation of one verse of my own poem *An Aisling* ('The Dream'):

> *As I walked through the village*
> *There was peace in each home:*
> *Though in wealth they were lacking,*
> *They were happy and proud.*
> *On the Lea of the Rye*
> *Stood six little homes –*
> *Today they're deserted*
> *With the ruins all around.*

The Land was the birthplace of Archie Lamont, father of Mary Lamont, winner of the Mod Gold Medal in 1913. Mary was the mother of Alistair MacLean, the author of *HMS Ulysses* and many other best-sellers.

On the edge of Lochphuil, just in front of the Land, is a mound of stones known as Tobhta na Cailliche Bèire ('The Toothless Carlin's Ruin'), recalling a character well accounted for in oral tradition. The story is rather long to relate here. About a mile west of the Land is Ben Kenavara, a small hillock about 300 feet in height, but since it is rich in history and story, it is worthy of a chapter of its own.

Under the shadow of Kenavara lay the old village of Barrapol, and a story is told about the spouse of Calum of Barrapol, who was head of the peasantry when Gorten Donald was a farm. On a winter's night when Calum was away from home, his wife was sitting

eil ròs air sin. Nuair a bha mi nam bhalach beag bha
sreath de shia taighean-còmhnaidh air an Land, ach
mo chreach, tha iad an-diugh fuar, fàs len cinn nan
corp:

Thug mi cuairt feadh a' bhaile –
Bha gach dachaigh mun cuairt
Làn dhaoine gun charraid,
Ged am maoin bha iad truagh.
Air lòn Lag an t-Seagail
Bha sia dachaighean suas –
An-diugh tha am buagh'llan sa chagailt
Anns na tobhtaichean fuar.

B' ann air an Land a rugadh is a thogadh Gilleasbaig
MacLaomainn, athair Màiri NicLaomainn a choisinn
Bonn Oir a' Chomuinn sa bhliadhna 1913. B' i Màiri a
bu mhàthair don nobhailiche ainmeil Alasdair
MacIllEathain, a sgrìobh *HMS Ulysses* agus mòran
leabhraichean eile.

Air beulaibh an Land, air bile Loch Phuill, tha
tobhta na Cailliche Bèire, baobh oillteil air a bheil
deagh sgeul am beul-aithris. Ach cha cheadaich ùine
dhomh a h-aithris aig an àm seo. Suidhichte siar air
an Land, mu mhìle a dh'astar air falbh, tha Beinn
Chinn a' Bhara – cnoc mu thrì cheud troigh an àirde –
agus o nach eil i gun a h-eachdraidh fhèin, is fhiach i
a h-iomradh air leth.

Is ann fo sgàile gualann Chinn a' Bhara a bha
seann bhaile Bharaboil, agus tha sgeul air a h-aithris
mu chèile fir dam b' ainm Calum Bharaboil. Air do
Chalum a bhith air falbh bhon dachaigh air oidhche
gheamhraidh, bha a chèile aig taobh a' ghealbhain a'

beside the peat fire spinning when two strange-looking men entered the house. She realised immediately that they were hobgoblins, and that it was not out of kindness that they had come to visit. When they began to threaten her, she managed to keep them at bay with peat from the fire until her husband returned and drove them off.

North of the parish church lies a place called Mòinteach nam Bigean ('Bog of the Small Birds'). A battle was fought here over 300 years ago. On the Barrapol moor, near Baile Mhic Bheotha ('Town of the Son of Mac Bheatha' – from Beoin, an Irish saint), is a lonely and desolate place called Cromadh nan Creag ('Bend of the Rocks'), and from it comes a strange tale. According to oral sources, a man by the name of John MacArthur used to court a fairy who lived in a fairy knoll in Cromadh nan Creag. The story says that this is where they met to pledge their troth. But Iain found a new love and he forsook the fairy. Two days after the parting, he was thatching the house when the fairy appeared and knocked him off the wall. He broke his leg in the fall and walked with a limp for the rest of his days. He never saw the fairy again.

snìomhadh nuair a nochd dithis fhear a-steach air an doras. Dh'aithnich i air ball gum b' iad bòcain a bha aice agus nach b' ann an coibhneas a thàinig iad a chèilidh oirre. Nuair a theann iad air bagairt oirre, chaidh leatha an cumail air falbh le fòidean teinteach mòna gus an do thill a cèile dhachaigh a chur dìon oirre.

Ri linn ar-a-mach nan croitearean, bha tè an Goirtean Dòmhnaill dam b' ainm Oighrig an Dròbhair a bha a' reic uisge-bheatha. B' ann aig an taigh seo a bha còmhlan de Dhionnasg an Fhearainn a' feitheamh am feall-fhalach air a' mhaor Seonaidh Mòr, a bha am Baile Phuill a' toirt na bàirlinn do dh'aon de na buill aca. Tha beul-aithris ag ràdh gun robh iad air a chrochadh nan deachaidh leo a chur an grèim. Ach gu fàbharach, fhuair e rabhadh gun robh iad a' feitheamh air, is ghabh e rathad aithghearr gu Taigh an Eilein.

Tuath air eaglais na sgìre tha Mòinteach nam Bigean, far an do chuireadh blàr o chionn còrr air trì cheud bliadhna air ais. Air an t-sliabh, dlùth air crìch Bhaile Mhic Bheotha, tha Cromadh nan Creag, àite duatharach, fàsail, agus tha an sgeulachd seo againn mun ionad seo. A rèir beul-aithris, bha fear Iain MacArtair (Iain Og) às a' Mhòintich a' cumail ri bean-shìdh aig an robh brugh an Cromadh nan Creag. Ach lorg e leannan ùr is chuir e a chùl ris a' bhean-shìdh. Dà latha an dèidh an dealachaidh, bha e a' tughadaireachd nuair a thàinig a' bhean-shìdh air a chùlaibh is leag i bhàrr na tobhta e is bhrist e a chas. Tha e air a ràdh nach fhaca e i riamh tuilleadh an dèidh sin.

Kenavara

G. *Ceann a' Bhara*, from G. *ceann*, 'head', and N. *bjarg,* 'cliff'

Because of the great number of place-names to be found in Kenavara, they are detailed separately at the end of the book.

Kenavara is only a hillock, but it still has its own beauty, for on its western extremity it drops to the sea in a series of spectacular cliffs and gullies. It is quite easy to ascend from Travee, one of the most beautiful beaches on the island.

In a sheltered glade on the south of Kenavara are the ruins of St Patrick's Chapel. Lying in the vicinity of the ruins are stones on which the Latin cross is carved with great skill.

But it is not known whether St Patrick himself had any connection with this ancient shrine. Below the chapel is a well cut out of the solid rock, and in other rocks at about the high water mark there are several other curious holes. This is known locally as St Patrick's Vat.

About 400 hundred yards west of the chapel is Rinn Thoirbheis. Above this headland is a series of rigs belonging to a long forgotten age, although I have heard it said that they were made by monks from the chapel. West of Rinn Thoirbheis are the remains of a Pictish broch called Dùn Eilean nam Bà ('Fort of the Island of the Cows'). Eilean nam Bà itself is a knoll which was tidal at one time. The remains of the

76

Ceann a' Bhara
'Ceann na Stalla' – *bjarg*, 'stalla' (L.)

Tha mòran ainmean àitean an Ceann a' Bhara, is a bhrìgh sin tha iad air am mìneachadh air leth aig deireadh an leabhair.

Ged nach eil innte ach cnoc, chan eil a' bheinn seo gun a glòir is a maise fhèin, oir tha sluic is stallachan cas-chreagach air an taobh an iar dhith. Chan eil i doirbh a streap bho cheann an iar Thràgha Bhì, tràigh gheal airgeadach cho bòidheach is a tha san eilean.

Ann an glaic uaignich, air taobh a deas Chinn a' Bhara, tha làrach Theampall Phàraig. Air an làr aig bun na tobhta tha clachan air a bheil a' chrois air a snaidheadh gu h-innleachdach. An robh ceangal eadar an togalach seo agus an Naomh Pàraig, chan eil fios air a sin. Shìos bhon teampall, tha tobar air a ghearradh às a' chreig agus aig gob na tuinne tha tuill eile air an gearradh à creagan eile. Is e Dabh Phàraig a theirte riu san eilean. Nuair a bha mi nam bhalach-sguile, bhiodh daoine a' cur bhonn don tobar, cruaidh sa bheachd gun toireadh seo miann an cridhe gu buil.

Siar air an teampall, air àirde na beinne, tha Rinn Thoirbheis, agus os a cionn tha feannagan a bhuineas do linn air nach eil sgeul againn, ged a chuala mi gum b' iad manaich às an teampall a bha rin àiteach. Mu chairteal a' mhìle siar air Rinn Thoirbheis tha Dùn Eilean nam Bà, dùn eile a bhuineas do linn

77

causeway giving access to it can still be seen.

South of the fort is Sròn Donnchaidh, a wild and treacherous headland that rises again in the lonely skerries of Skerryvore, a reef as dangerous as any on the west coast of Scotland. Indeed, on a misty March day in 1905, the SS *Labrador* perished on Sgeir MhicCoinnich, the MacKenzie Rock, west of the lighthouse.

On the west side of Sròn Donnchaidh ('Duncan's Headland') is Carraig nan Gillean ('The Rock of the Lads'), so named in memory of three young fishermen who were swept away and drowned when a huge breaker from the shallows of the headland engulfed them. Further north, on the edge of Sloc na h-Ursainn ('Hollow of the Door-post'), are the remains of Dùn nan Gall ('Fort of the Strangers'), a Viking stronghold. Guarded on both sides by sheer cliffs, it is almost inaccessible and must have been of great strength. North of the fort is the Uamh Mhòr ('Great Cave'), a huge opening that penetrates far into the hill. In my young days it was often referred to as Uamh an Oir ('The Cave of Gold'), and oral tradition maintains that it traverses the entire island.

As a boy I heard my mother relate how a piper, accompanied by his dog, set out to traverse the Great Cave but was never seen again. When a neighbour went to the mouth of the cave in search of him, he found only the dog, still alive – but hairless from nose to tail. "Without three hands – two for the pipes and one for the sword – no human will ever traverse the Cave of Gold," my mother would say most emphatically. Will such a person ever be born?

A short distance from the Great Cave is Leabaidh

nan Cruithneach. Chan eil teagamh sam bith ann nach robh an t-eilean fhèin aig aon àm air a chuartachadh leis a' mhuir, oir tha làrach a' chabhsair thuige ri fhaicinn fhathast.

Deas air Eilean nam Bà tha Sròn Donnchaidh, rubha garg, mealltach a tha ag èirigh a-rithist mu aona mìle deug an iar-dheas air Tiriodh an sgeirean uaigneach na Sgeire Mòire. Is ann air Sgeir Mhic-Coinnich – aon de na sgeirean seo – a chailleadh an soitheach-cargu an SS *Labrador* air latha ceòthar Màirt sa bhliadhna 1905.

Air cùl na Sròine tha Carraig nan Gillean, far an deachaidh triùir ghillean a bhàthadh nuair a bhrùchd boc-thonn orra bho thanalachd bogha na Sròine. A' dol gu tuath tha Dùn nan Gall – dùn Lochlannach. B' e daingneachd air leth làidir a bha ann na latha, oir tha e air aon taobh air a dhìon le Sloc na h-Ursainn is air an taobh eile le fosgladh domhainn eile. A' cumail gu tuath, gheibhear an Uamh Mhòr, fosgladh dorcha a tha a' dol air chall an cridhe na beinne. Ri linn mo mhàthar is i Uamh an Oir a theirte rithe, is tha e air aithris gu bheil i dol tarsainn an eilein gu ruig an Caolas.

Chuala mi an sgeulachd seo air glùin mo mhàthar mu phìobaire – le chù ri bhonn – a rinn oidhirp air an uamh a shiubhal. Ach a-rèir na sgeulachd, chan fhacas an t-ath-shealladh dheth. Air do nàbaidh a dhol gu beul na h-uaimhe air a thòir, lorg e an cù beò ach gun ròine fionnaidh air bho shròin gu bàrr earbaill. "Gun dà làimh sa phìob is làmh sa chlaidheamh, cha siubhail neach gu bràth Uamh an Oir," theireadh mo mhàthair gu dùrachdach.

Beagan tuath air an Uaimh Mhòir tha Leabaidh

Nighean Rìgh Lochlainn ('The King of Lochlin's Daughter's Couch'). It is a rock shelf shaped like a couch. Who this hardy and unfortunate princess was is not recorded, although oral sources – and they always seem to have some form of explanation – say that she eloped to Tiree with a lover deemed unworthy of her by her father. Shades of the Lord Ullin saga, methinks! Near this spot is Leac an Fhrangaich ('The Frenchman's Grave'). The mound is still visible, but who lies below the green sward is a mystery, although some suspect that it was a sailor from the Spanish Armada who found his last resting-place here. The grave is in close proximity to Sloc Ghreathasgail.

Running across the hill from Sloc Ghreathasgail are the remains of a drystone dyke known locally as Obair-Latha Chlann Mhurchaidh ('Clann Mhurchaidh's Day's Work'), and a legend about it is still related on the island. According to the story, Clann Mhurchaidh acquired some land in this area of Kenavara, and of a morning they set out to build a stone dyke around it. When twilight came they set off home, leaving their implements behind. When they returned in the morning the dyke had been completed by the fairies. Not everyone is as fortunate as the Murdoch family!

A little bit further north, in the proximity of Sloc a' Chèim, are the remains of Dùn an Eilein Duibh, yet another Pictish broch. A natural staircase on the north side gives access to it on the extreme ebb of a spring-tide. But it is so precarious that there must have been some other mode of entry. Therefore it would be logical to assume that access was by some form of a rickety bridge over Sloc a' Chèim, hence the Gaelic name, which might mean 'The Hollow of the Bridge'.

Nighean Rìgh Lochlainn, leac creige a tha air a cumadh mar uirigh. Cò a bha sa bhana-phrionnsa chan eil for air, ged a tha beul-aithris ag ràdh gun do theich i do Thiriodh còmhla ri gille òg a bha air a chrosadh le a h-athair. Faisg air Leabaidh Nighean Rìgh Lochlainn tha Leac an Fhrangaich, is tha tolman uaine na h-uaghach air lorg fhathast. Cò a bha san Fhrangach, chan eil ròs air sin an-diugh nas mò, ged a tha sgeul aig cuid gum b' e seòladair bhon Chabhlach Spàinn-teach a bha ann. Chan eil an uaigh fada bho Shloc Ghreathasgail.

A' ruith tarsainn na beinne bho Shloc Ghreath-asgail tha Obair-Latha Chlann Mhurchaidh – làrach de sheann ghàrradh cloiche – agus tha an fhionnsgeul seo na lùib. Fhuair Clann Mhurchaidh còir air grunnd an Ceann a' Bhara, is gu cur dìon air thog iad orra air madainn àraidh a thogail gàrradh-cloiche. Air ciaradh an fheasgair thill iad dhachaigh, a' fàgail nan spaidean far an do sguir iad. Ach air dhaibh tilleadh air an làrna-mhàireach, bha an gàrradh tul crìochnaichte aig na daoine beaga. Nach b' ann do Chlann Mhurchaidh a rug an cat an cuilean?

Ri taobh Sloc a' Chèim tha Dùn an Eilein Duibh. Bheir nàdar de staidhir neach suas thuige, ach tha an t-slighe cho cas, cunnartach is nach gabh e bhith nach robh seòl eile air faighinn thuige gu sàbhailte, is chan eil teagamh ann nach robh drochaid a' dol tarsainn air Sloc a' Chèim thuige.

Balephuil
G. *Baile Phuill*, 'Mud/mire Town'

Balephuil has a common boundary with Barrapol in Abhainn Bhì (named after Mo Bhì, Abbot of Cuscraid in Ireland) and Lochphuil. Close by the rivulet is the pumping station that provides the island with its public water supply. On the east side of the township the Dobhar Mhòr ('Big Water') flows into Lochphuil. On a headland, in a part of Balephuil called Newton, are the remains of Dùn nan Nighean ('Fort of the Girls/Daughters'). It is in full view of Dùn Eilean nam Bà.

On the east shoulder of Ben Hynish on Cnoc Ghrianail there are traces of the foundation of an ancient building. People suspect that this must be the site of Mo Bhì's chapel. And it is feasible that he would have a chapel in the vicinity of the Town of Mo Bhì, son of Beoin.

A short distance east of Newtown was born and reared the notable seanachie Donald Sinclair. He referred to himself as the 'Silent Bard'. He gave a lot of material to the late Eric Cregeen for the School of Scottish Studies.

About half a mile east of Newton is the Cùiltean (G. *cuilidh*, a 'cell' or 'secret place'). Here is the location of the Port Mòr ('Big Haven') and Port Driseig ('Bramble Haven' or 'Brier Haven'). These two inlets will be remembered as long as the story of *Fuadach Bhaile Phuill*, the 'Bailephuil Driving (of boats, in this instance) or Drowning', is related in Tiree. It was from

Baile Phuill
'Baile an eabair'

Tha Baile Phuill is Goirtean Dòmhnaill an crìch ri chèile, agus is e Abhainn Bhì agus Loch Phuill as gàrradh-crìche eatarra. Tamall às, sear air Abhainn Bhì, tha an stèitsean-pumpaidh a tha a' cumail uisge à Loch Phuill ri muinntir an eilein; is air an taobh shear den bhaile, a' cur uisge do Loch Phuill, tha an Dobhar Mhòr. Air camas sa Bhaile Ur am Baile Phuill tha làrach Dùn nan Nighean, agus tha e an làn-shealladh air Eilean nam Bà.

Air an taobh shear de ghualainn Beinn Haoidh-nis, tha Cnoc Ghrianail, is tha làrach seann togalaich air. Tha amharas math aig daoine gur e seo làrach an teampaill aig Mo Bhì Mac Bheotha. Is tha e coltach gu leòr gum biodh eaglais aige faisg air Baile Mhic Bheotha an Goirtean Dòmhnaill.

B' ann pìos deas air a' Bhail' Ur a rugadh is a thogadh Dòmhnall Mac na Cearda (Dòmhnall Chaluim Bàin), seanchaidh ainmeil na latha. Is e am Bàrd Tosdach a theireadh e ris fhèin. Is iomadh fiosrachadh is deagh sgeulachd a thug e do Sgoil Eòlais na h-Alba.

Mu leth-mhìle deas air a' Bhail' Ur tha na Cùiltean, agus shìos air a' chladach tha am Port Mòr agus Port Driseig, dà phort a bhios ainmeil cho fad' 's a bhios eachdraidh air Fuadach Bhaile Phuill air a h-aithris san eilean. B' ann às an dà phort seo, air madainn bhrèagha shamhraidh air an 8mh latha den

83

here, on a beautiful summer's morning on the 8th July 1856, that seven fishing-boats, with a total complement of forty souls, sailed for a fishing bank west of Skerryvore.

Athough there was only a slight breeze blowing at the time of sailing, they were warned not to sail by Archibald Campbell, an experienced fisherman from Barrapol, as he was positive that a storm was brewing. But they paid no heed to him. As predicted, however, a fierce storm rose, and the fleet was scattered to the four winds. Nine of those who sailed on that fatal day lost their lives. This is a translation of what the poet Alexander MacDonald, whose boat was involved, said about the disaster (only a fragment of what was a very long narrative poem is extant):

> *I am worried, greatly worried,*
> *That we shall all perish.*
>
> *There are men and maidens near Ben Hynish,*
> *And distressing it is to listen to them.*
>
> *She took in water near the stern*
> *That hid the sun from us*
> *   and nearly blinded us.*
>
> *As I glanced behind me,*
> *The helmsman was swept overboard*
> *   and drowned.*
>
> *In spite of high seas and the tempest,*
> *We made Islay – it was Christ who saved us.*

Iuchar anns a' bhliadhna 1856, a sheòl seachd eathraichean-iasgaich gu banca-iasgaich siar air an Sgeir Mhòir le dà fhichead anam air an clàir.

Ged nach robh ach oiteag bheag gaoithe ann aig àm seòlaidh, thug Gilleasbaig Caimbeul ('am Bòidheach'), iasgair à Goirtean Dòmhnaill, rabhadh dhaibh fuireach aig caladh, oir gu robh coltas na gaillinn air an latha. Ach cha tug iad cluas dha. Ach mar a thuirt an Caimbeulach, b' fhìor, is rug latha nan seachd sìon orra is chaidh na bàtaichean a sgapadh le mòr-ghailleann na stoirme. Chaill naoinear am beatha air an latha uabhasach ud. Seo mar a thuirt am bàrd Alasdair Dòmhnallach nuair a rug an ròsad-mhara orra:

Tha mi fo chùram, fo mhòran cùraim,
Tha mi fo chùram don ghrunnd gun tèid sinn.

Tha fir is maighdeannan taobh Beinn Haoidhnis,
'S cha chulaidh-aoibhneis a bhith gan èisdeachd.

Ghabh i uisge air an t-sliasaid
A thug a' ghrian dhinn is trian dar lèirsinn.

Sùil gan tug mi air mo chùlaibh,
Bha fear na stiùrach sa ghrunnd gun èirigh.

Dh'aindeoin uisge is doineann sìde,
Gun d' fhuair sinn Ile –
                    's e Crìosd rinn feum dhuinn.

Aig an àm seo bha buidseach ainmeil am Baile Phuill dam b' ainm Mairead, is tha sgeul oirrese an ceangal

At the time there was a famous witch in Balephuil by the name of Mairead, and the following story is told about her in connection with the disaster. On the evening of the storm, an exhausted seagull alighted on the gunwale of Calum Bàn's boat. One of the crew wanted it killed, as he considered it to be a bird of ill-omen. But Calum told him to let it be, as it was only a bird of passage. That night Mairead informed the villagers that Calum Bàn's boat and all on board were safe and nearing Islay.

South of the Cùiltean is Dùn Shiadair (N. *setr*, 'shieling/pasture'). Some of the remains are still to be seen. Although it is not visible from Dùn nan Nighean, it is in full view of Dùn na Cleite ('Fort of the Cliff/Rock') in Hynish.

Balephuil is known as *'Baile nam Bàrd'*, 'the Village of Poets'. And little wonder, for there were over thirty villagers who practised the art of versifying in the 19th century. One such poet was Catherine MacLean, and here is a translation of a verse from her *Oran don Smeòraich* ('Song to the Thrush'):

> You are fortunate at the time of your death
> That you will not be dragged before a court -
> You will fall down to the ground,
> But there will be no enquiry into your life;
> But when I lie down
> And I am pressed under the sward,
> If I am not alive in Jesus Christ,
> I shall stand condemned
> at the judgement seat.

On the summit of Ben Hynish is a tracking-station

ris an Fhuadach. Air feasgar na tubaiste, laigh faoileann chlaoidhte air stoc a' bhàta aig Calum Bàn. Bha aon den chriù airson cur às dhi, oir bha e den bheachd gum b' e droch chomharradh a bha innte. Ach thuirt Calum Bàn ris leigeil dhith, oir nach robh innte ach eun siubhail.

Air an oidhche sin dh'innis Mairead do mhuinntir a' bhaile gun robh bàta Chaluim Bàin is gach anam air bòrd sàbhailte is a' dlùthadh air Ile.

Deas air na Cùiltean tha Dùn Shiadair, is tha cuid dheth fhathast an làthair. Ged nach eil e an sealladh air Dùn nan Nighean, tha e an sealladh air Dùn na Cleite ann a Haoidhnis.

Is e Baile nam Bàrd a theirte ri Baile Phuill, is chan iongnadh e, oir bha còrr air deich air fhichead neach ri bàrdachd ann san naoidheamh linn deug. Seo eiseamplair den bhàrdachd aig Caitrìona NicIllEathain (Caitrìona a' Chìobair):

Nach sona dhuit aig àm do bhàis:
Cha sàsaichear gu mòd thu -
Tuitidh tu sìos air an làr
'S gu bràth cha tig ort feòraich;
Ach nuair a laigheas mise sìos
'S a dhinnichear fon fhòd mi,
Mur bi mi beò an Iosa Crìosd,
Gun dìtear aig a' mhòd mi.

Air àirde Beinn Haoidhnis tha stèitsean-lorgaidh a bhaist na Tirisdich 'am Ball Goilf aig Reagan' a bhrìgh gu bheil am mullach aige air a chumadh mar bhall goilf. Faisg air an stèitsean tha ionad-tasgaidh an christened by the locals 'Reagan's Golf Ball,' simply because it has a dome like a giant golf ball. Near to the station is the island reservoir to which treated water is pumped by the pump-house beside Abhainn Bhì.

Hynish
N. *heidh*, 'bright', and *nes*, 'point'

Hynish is situated to the south-east of Ben Hynish, and it is the most picturesque township of Tiree. It has two museums connected with the building of the Skerryvore Lighthouse. One of them is called 'The Alan Stevenson House.' The other is situated in the old tower belonging to the lighthouse. North of the promontory of the Barragho (G. *bàrr*, 'top', and N. *gjá*, 'creek') is the pier and dock built by Alan Stevenson.

It was at the Hynish jetty that all the Mull granite was unloaded when the Skerryvore lighthouse was being built. And it was here that every stone that went into this beautiful edifice was cut and keyed. Over four thousand tons of granite went into the building. The first eighteen feet of the foundation is sunk into the rock and the next twenty-six feet is of solid granite. The lantern stands 150 feet above sea level and its intermittent flash can be seen over a radius of 20 miles. Not one single person lost his life during the building of the Skerryvore – a tribute, surely, to the genius and skill of Alan Stevenson. It was completed in 1844.

Above the Barragho is the observation tower for the lighthouse, and I remember it being manned by Colin Campbell, a native of Hynish. The giant

uisge a tha air a tharraing à Loch Phuill leis an taigh-phumpaidh.

Haoidhnis
heidh (L.), 'soilleir', agus *nes*, 'rubha'

Tha Haoidhnis na laighe an ear-dheas air Beinn Haoidhnis, is tha e air baile cho bòidheach 's a tha an Tiriodh. Tha dà thaigh-tasgaidh ann a bhuineas do linn togail taigh-solais na Sgeire Mòire. Is e as ainm do dh'aon dhiubh 'Taigh Ailein Stevenson'. Tuath air a' Bharragho tha an ceidhe is an doca a rinn Stevenson.

Is ann aig ceidhe Haoidhnis a thugadh air tìr a' chlach-ghràin Mhuileach airson na Sgeire Mòire. Agus is ann a Haoidhnis a ghearradh is a shnaidheadh na chèile gach clach a chaidh san togalach bhrèagha seo. Chaidh còrr is 4,000 tunna de chloich a tharraing bho cheidhe is doca Haoidhnis gu 'n Sgeir Mhòir. Cha do chaill aon neach a bha an sàs san obair mhòir seo a bheatha. Chaidh an taigh-solais a chrìochnachadh anns a' bhliadhna 1844. Tha ochd troighean deug den stèidh fodha sa chreig, agus tha na ciad sia troighean fichead tàthte. Tha an lanntair ceud gu leth troigh os cionn na mara agus tha am boillsgeadh aige ri fhaicinn fichead mìle a dh'astar air falbh.

Is ann os cionn a' Bharragho a thogadh an tùr airson ceangail a chumail ris an taigh-sholais, agus tha cuimhn' a'm gu math air fear Cailean Caimbeul (Cailean Bàn) a bhith ag obair ann. Cho fad' 's as fhios

89

telescope it housed was removed some years ago.

In the spot known as Hynish Square stand the houses built as homes for the lighthouse keepers, but they were only in use for a period of fifty years. The lighthouse is now automatic.

There was an ancient chapel in the vicinity of the sheep fank, but not a trace of it remains, nor is there any knowledge of the personage to whom it was dedicated. There was also a burial ground here called An Cladh Beag ('The Small Churchyard'). The late Mr Sands informs us that he found part of the east gable, and also a stone with a cross incised in it.

Only a trace of Dùn a' Bharragho remains, for it suffered much damage during the building of the lighthouse. From this position five other fort sites are visible – namely Dùn na Cleite, Dùn Heanish, Dùn Baile Phèadrais, Dùn an t-Sìthein and Dùn Mòr a' Chaolais.

West of Hynish farmhouse is the sheltered glade of Caiseamul. Some locals and incomers refer to it as 'Happy Valley.' It was so named by RAF personnel who were stationed on the island. But older folk are not too enamoured of the English name. Hynish was a tack for many years, but was broken into crofts after the First World War. The last tacksman was a man by the name of MacLean.

The late Angus MacKechnie – the winner of the Bardic Crown at the Fort William Mod of 1927 – was a native of Hynish. His winning piece is titled *Tìr Mhaiseach nan Cruach* ('Beautiful Land of the Bens').

dhomh, chaidh an glainne-seallaidh a thoirt air falbh
às an tùr.

Ann an Sguèadhar Haoidhnis tha taighean-
còmhnaidh a thogadh do dh'fhir-gleidhidh an
taigh-sholais, ach cha do chuireadh feum orra ach
airson leth-cheud bliadhna. Tha an taigh-solais an-
diugh automataig.

Bha teampall aig aon àm sa bhaile ach chan eil
sgeul air an-diugh, ni mò a tha sgeul air cò air a bha e
air ainmeachadh. An taice an teampaill bha an Cladh
Beag. Thug Maighstir Sands nach maireann an
uachdar stuadh an ear an teampaill agus lorg e clach
air an robh crois air a snaidheadh.

Chan eil mòran air lorg de Dhùn a' Bharragho
an-diugh, oir rinneadh milleadh mòr air ri linn togail
an taigh-sholais. Bha an Dùn seo an sealladh air còig
dùin eile – Dùn na Cleite, Dùn Hianais, Dùn Bhaile
Phèadrais, Dùn an t-Sìthein agus Dùn Mòr a' Chaolais.

Siar air taigh mòr Haoidhnis tha glac bhòidheach
dan ainm Caiseamul. Their cuid an Tiriodh 'Happy
Valley' rithe, oir chaidh a baisteadh mar seo le balaich
às an RAF a bha air stòitscan san eilean. Ach chan eil
mòran meas air an ainm seo aig na daoine as sine.
B' e tac a bha am fearann Haoidhnis, ach chaidh a
bhristeadh na chroitean an dèidh a' Chiad Chogaidh.
B' e fear MacIllEathain am fear-aonta mu dheireadh
air an tac.

B' ann à Haoidhnis a bha Aonghas MacEacharna,
a choisinn Crùn na Bàrdachd aig Mòd a' Ghearasdain
sa bhliadhna 1927 leis a' bhàrdachd *Tìr Mhaiseach
nan Cruach*.

Mannal
N. *mann,* 'man', and *vollr,* 'field'

Mannal is north of Geata a' Mhill ('Gate of the Lump' – i.e. hillock) when one leaves Hynish. It was a fishing village at one time. There is a magnificent view of Mull, Iona, Rum and other islands from the lovely shoreline of this small township.

Near the Balemartine boundary there is a farm which was tenanted by a family named Brown. According to oral sources, they were descended from the first Brown to come to Tiree. (See the story of the vault in Kilkenneth on page 54.)

Bàtaichean-iasgaich / Lug sail fishing boats

Manal

mann (L.), 'duine', agus *vollr*, 'achadh'

Tha Manal tuath air Geata a' Mhill air an rathad à
Haoidhnis. B' e baile iasgaich a bha ann uaireigin den
t-saoghal. Tha sealladh a tha air leth àlainn air Muile,
Eilean Idhe, Rùm is cuid de na h-eileanan eile bho
chladach bòidheach a' bhaile bhig seo.

Dlùth air a' chrìch eadar Manal is Baile
Mhàrtainn tha fearann agus is ann aig teaghlach de
Bhrùnaich a bha e rè iomadh bliadhna. A rèir beul-
aithris, is ann de shìol a' chiad Bhrùnaich a thàinig
don eilean a bha na daoine seo. (Faic mu thaigh-falaich
Chille Choinnich air t.d. 55.)

Balemartine
G. *Baile Mhàrtainn*, 'Martin's Village'

Balemartine is the largest village on Tiree and, like Mannal, it was at one time a fishing village. But that day has long since gone and so has the fishing. How things have changed!

> *This blesséd low-lying island*
> *Encircled by the ocean –*
> *Today we cannot get a meal of fish*
> *Because of a law without rhyme or reason.*

As we have seen, eight men were sent to prison at the time of the crofters' rising. Six of these belonged to Balemartine – Alasdair MacLean, Gilbert MacDonald, Colin Henderson (father of the late Professor Henderson), Hector MacDonald, John MacFayden and John Sinclair. And to commemorate them all, let me add that the other two stalwarts were Donald MacKinnon from Balephuil and George Campbell from Balinoe.

Balemartine was also the birth-place of Pipe-Major John MacDonald of the 79th Highlanders, who fought in the Crimean War. And there is a story that when storming the Heights of Alma, MacDonald, in the company of another piper, was at the head of the regiment. As we know, the Russian fire from the Heights was a murderous one, and among those who fell was MacDonald's companion.

Baile Mhàrtainn

Is e Baile Mhàrtainn am baile as motha an Tiriodh,
agus, mar Mhanal, b' e baile iasgaich a bha ann. Ach
dh'fhalbh an latha sin is chaidh an t-iasgach bàs. Nach
ann oirnn a thàinig an dà latha:

An t-eilean ìosal àghmhor seo
Le chearcall cuain ga chrìochnachadh –
An-diugh chan fhaigh sin tràth den iasg
Le lagh gun rian ga spìonadh às.

Mar a chunnaic sinn (t.d. 63), fhuair ochdnar fhear
am prìosan aig àm àr-a-mach nan croitearan, agus
bha sianar dhiubh à Baile Mhàrtainn. B' iadsan
Alasdair MacIllEathain, Gilleabart MacDhòmhnaill
(Gillecriosd), Cailean MacEanraig, Eachann Dò-
mhnallach (Eachann Mac Nèill a' Chaise), Iain
MacPhàidein agus Iain Mac na Cearda (Seoic). Agus
a chur cloich air càrn an ochdnar, b' iad an dithis eile
Dòmhnall MacFhionghain à Baile Phuill agus Deòrsa
Caimbeul às a' Bhaile Nodha.

B' ann à Baile Mhàrtainn cuideachd a bha
Màidsear na Pìoba Iain Dòmhnallach ('an Saighdear'),
a bha anns an rèiseamaid *The 79th Highlanders* ann
an Cogadh a' Chrimea, is tha an sgeul seo air a
h-aithris mu dheidhinn aig cath fuilteach Alma. A rèir
beul-athris, bha Iain, le pìobaire eile ri thaobh, air
ceann na rèiseamaid a bha a' sèisdeadh mullaichean

95

In the same instant a bullet went through the bag of MacDonald's pipes. He picked up his dead companion's pipes, but in the excitement and heat of battle he played a dance tune instead of a march! It is said that, had the day been lost, MacDonald would have been court-martialled. From the Crimea he went to India, where he fought with distinction at the siege of Lucknow. Today he is better remembered as the composer of the march *The 79th's Farewell to Gibraltar*.

John MacLean (1827-95) was also from Balemartine, and was actually known as the 'Balemartine Bard'. He was born in Gàrradh Shoiribidh. There are not many in the Gaelic world who are unfamiliar with the songs *A' Chailin Mhaiseach Dhonn* ('The Beautiful Brown-haired Maiden'), *Hi Ho Ro 's na Horo Eile* and *Calum Beag*. But MacLean composed numerous other songs – many of them to encourage the crofters and pour scorn on the establishment during the '86 crofters' rising. This is a translation of what he said about those imprisoned in Inveraray:

> *In Inveraray, the black hole of hardship,*
> *They were incarcerated for week after week;*
> *But there was such generosity in the heart of*
> *MacQuarrie*
> *That they would not be there an hour if gold*
> *could release them.*

Alma. Mar a tha am Bàrd Ruadh ag innse dhuinn:

Bha feachd nan Ruiseanach 's iad cruinn,
Air mullach tuim sa ghlòmanaich,
Is fhuair na Breatannaich làn-spàirn
A' dol an àird gan còmhlachadh;
Bha 'm bruthach cas làn chreag is chlach,
Gun leud an cas de chòmhnard ann,
Is luaidhe Ruiseanach mar shìon
Gan sgathadh sìos nan dòrlaichean.

Aig a' cheart àm, chaidh peilear tro mhàla-pìoba an Dòmhnallaich. Thog e pìob a chompanaich, ach ann an teas a' chatha is e a chluich e ach port dannsaidh. Tha e air a ràdh, nan deachaidh an latha an aghaidh an Airm, gun robh Iain air a thàrraing mu choinneamh cùirt-Airm. Tha cuimhne air an-diugh mar an duine a rinn a' chaismeachd *The 79th's Farewell to Gibraltar*.

B' ann à Gàrradh Shoiribidh am Baile Mhàrtainn a bha Iain MacIllEathain, Bàrd Bhaile Mhàrtainn. Rugadh e sa bhliadhna 1827 agus chaochail e an 1895. Mar chuimhneachan air, chuir Comann Chloinn Illeathain càrn brèagha aig ceann na h-uaghach aige. Chan eil mòran am measg luchd na Gàidhlig nach eil eòlach air na h-òrain *A' Chailin Mhaiseach Dhonn,* *Hi Ho Ro 's na Horo Eile* agus *Calum Beag.* Ach rinn Iain mòran òran a bharrachd air na trì seo – gu sònraichte òrain brosnachaidh aig àm Aimhreit an Fhearainn. Seo mar a thuirt e mu na Tiristich a chaidh a ghlasadh an Inbhir Aora:

An Inbhir Aora, toll dubh a' chruadail,
Gun d' dhùnadh suas iad a Luan 's a
Dhòmhnach;

97

Soroby
> N. *saurr*, 'marsh', and *baer*, 'town'

Soroby is on the boundary of Balemartine and it has a large cemetery which is in use at the present day. East of the cemetery is Port na Luinge ('Haven of the Ship'), named by Adamnan as *Campus Lunga* and referred to in the Irish Chronicles as *Magh Lunga* (G. *magh*, 'a plain'). Here also mention is made of 'Sancta Brigida de Magh-Lunga,' a reference to St Brigid or Bride.

And yet again there is reference in the *Annals of the Four Masters* (770AD) to the death of Conall, Abbot of Magh Luinge. A monastery under the supervision of Baithene, a cousin of St Columba, was established at Port na Luinge. It was Baithene who took over the running of the Celtic Church on Iona after the death of his master in 597. It was St Columba's policy to send people who had fallen from grace to Port na Luinge to do penance. And there can be little doubt that it was these people who cultivated the land under Baithene's control.

The annalist Tighernach records the burning of the monastery at Port na Luinge in 673 in the brief form 'Combustio Muighe Luinge' ('the burning of Magh Luinge'). Doubtless the fire was the work of Viking raiders (Dr William Reeves's *Life of St Columba*). Not a trace of the original monastery remains, although from time to time, when new graves are being dug in the recent extension to the cemetery, large stones that must belong to the original site have been unearthed.

Ach bha de dh'uaisle an com MhicGuaire
Nach biodh iad uair ann nam fuasgladh òr iad.

Soiribidh

saurr (L.), 'boglach', agus *baer*, 'baile'

Tha Soiribidh air crìch Bhaile Mhàrtainn, agus tha cladh mòr ann far a bheil daoine air an tìodhlacadh gus an là an-diugh. Sear air a' chladh tha Port na Luinge, a rèir Adhamhnain Campus Lunga, agus a rèir Eachdraidh na h-Eireann Magh Lunga. Tha an eachdraidh seo a' dèanamh iomraidh air "Sancta Brigida de Mag-Lunga."

A-rithist, an Eachdraidh nan Ceithir Maighstirean (770AD), tha iomradh air bàs Chonaill, Aba Maighe Luinge. B' ann am Magh Luinge (Soiribidh) a chaidh manachainn a stèidheachadh fo chùram an Naoimh Baithne, co-ogha de Chalum Cille. B' e Baithne a ghabh os làimh I nuair a chaochail Calum Cille ann an 597.

Ri linn Bhaithne bha e na chleachdadh aig Calum Cille a bhith a' cur dhaoine nach do chum rim bòidean gu Port na Luinge gu aithreachas a dhèanamh. Chan eil teagamh ann nach b' iad na daoine bochda sin a bha ri àiteach an fhearainn a bha fo smachd Bhaithne.

A rèir Thighearnaich, chaidh a' mhanachainn a chur na teine ann an 673, agus chan eil mòran teagaimh ann nach b' iad na Lochlannaich a chuir i ris na speuran (*Life of St Columba*, leis an Ollamh Uilleam Reeves, D.D.). Chan eil lorg air a' mhanachainn an-diugh, ach ann an cuid den chladh ùr aig àm cladhach uaighean tha clachan gan lorg a bhuineas don togalach seo. Anns a' chladh tha leacan agus

In the old part of the cemetery are very old slabs and memorial stones. One such stone is to be found a short distance from the main entrance. It retains a very curious cross, remarkable for its size and early designs. It is not as tall as the Iona crosses, but possibly predates these. Is is about five feet high, having an embossed cross set in a coarse stone socket.

In other parts of the cemetery are slabs from the Iona era, but by far the most interesting of these is the stone of Anna, prioress of Iona. It bears, in fine relief, the figure of Death holding a nun by the hand, and on the panel underneath is the inscription HIC EST CRUX MICHAELIS ARCHANGVELI DEI ANNA PRIORISA DE Y ('This is the cross of Michael the Archangel of God: Anna Prioress of Iona'). The top is broken off, but it appears to be a votive cross erected during the incumbency of Anna, prioress of Iona, but taken to Tiree, possibly in the 19th century.

Balinoe
G. *Am Baile Nodha*, 'The New Town'

Balinoe is on the road west from Cù' Dhèis and is bound to the north by Heylipol and to the west by Barrapol. It is not a large township. In the village is a place called Ceòsaibh (N. *kjós*, 'hollow place'), and on the rocks there are hieroglyphics belonging to a race of people who populated the place an aeon ago. On the east side of the cattle road leading to Ceòsaibh is a standing stone possibly as old as the writings on the rocks nearby. (See page 42.)

clachan-cuimhne a tha air leth aosda. Mar eiseamplair, air a' bhruthach os cionn geata a' chlaidh, tha clach-chuimhne a bhuineas do linn ro linn Chaluim Chille. Tha i air a cumadh mar chrois agus tha cnap am meadhan na croise. Tha mu chòig troighean dhith os cionn an talaimh.

Ann an ceàrnan eile den chladh, tha leacan a thàinig à Eilean Idhe. Ach tha aon air leth ann as fhiach beachdachadh oirre os cionn chàich. Air a dhealbhadh air a' chuid as àirde dhith tha an Naomh Mìcheal agus an dràgon, is dlùth air a bun tha samhla den Bhàs le caillich dhuibh air làimh aige. Eadar an dà dhealbh, tha na facail HIC EST CRUX MICHAELIS ARCHANGVELI DEI ANNA PRIORISA DE Y ('Seo a' chrois aig Mìcheal Ard-aingeal Dhè: Anna Bana-aba Idhe'). Air an taobh a tuath de dh'Abhainn Shoiribidh tha Cù' Dhèis (Cùil Dhè), àite aig a bheil ceangal ri linn Bhaithne agus ris a' mhanachainn.

Am Baile Nodha

Tha am Baile Nodha air an rathad a' dol siar bho Chù' Dhèis agus tha e an crìch ris a' Chruairtean agus ri Goirtean Dòmhnaill. Tha àite sa bhaile dan ainm Ceòsaibh, agus air creagan ann tha dealbhans-sgrìobhaidh a bhuineas do threubh a bha san eilean o chian nan cian. Sear air an ùtraid gu Ceòsaibh tha Spitheag an Fhamhair (faic t.d. 43), clach a tha a cheart cho aosda ris an sgrìobhadh a tha air na creagan an Ceòsaibh.

101

Heylipol

N. *helgi*, 'holy' and *ból*, 'town'; the Gaelic name *An Cruairtean* is a contraction of *An Cruaidh-ghoirtean* ('The Hard Field')

Heylipol is a large township which was one large farm around the middle of the 19th century. The whole of the west end of Tiree goes under the name of Heylipol Parish, although the parish church is on the Barrapol common. As I have mentioned already, the church was built at the beginning of the century. It has a magnificent pulpit, the panels having been carved in Celtic designs by boys from the parish.

Next to the church is the building that used to be Heylipol School. It was closed down a number of years ago and converted into two dwelling-houses. What used to be the parish glebe and manse are also in Heylipol. At one time there was a parish school on the site of the manse. The present building is situated on a knoll called Dobhar an Teampaill ('Temple Water'). It is no longer a manse but the rent office for the estate. The glebe is now part of the estate farm. The last minister to occupy the manse was the late Rev Neil MacInnes from Broadford in Skye.

A short distance east of the main road to Cornaig is Loch an Eilein ('Loch of the Island'), where the MacLeans had their castle till they lost the estate in 1674. It was completely surrounded by water and had a causeway and a drawbridge.

When the present building was constructed in

An Cruairtean

Giorrachadh air 'an Cruaidh-Ghoirtean' – is e sin 'An t-achadh cruaidh'

Is e baile mòr a tha sa Chruairtean, agus aig aon àm b' e tuathanas a bha ann. Tha an ceann siar de Thiriodh gu h-iomlan ann an Sgire a' Chruairtein, ged a tha eaglais na sgìre air sliabh Ghoirtean Dòmhnaill. Mar a thuirt mi cheana, chaidh an eaglais a thogail aig toiseach na linn. Tha cùbaid bhrèagha innte air a bheil panail a chaidh a shnaidheadh ann an dealbhan Cèilteach le balaich às an sgìre.

Làmh ris an eaglais tha Sgoil na Mòintich, Sgoil a' Chruairtein sa Bheurla, ach chaidh a dùnadh o chionn bhliadhnachan air ais is taighean-còmhnaidh a dhèanamh den togalach. Is ann anns a' Chruairtean a tha am mansa is an glìob a bha aig an sgìre, ach b' e taigh-sgoile a bha sa mhansa mun do thogadh Sgoil na Mòintich. Tha an togalach suidhichte air àirde dan ainm Dobhar an Teampaill. Chan e mansa a tha ann an-diugh ach oifis màl na h-oighreachd, is chaidh an glìob a chur ri tuathanas na h-oighreachd. B' e an t-Urr. Niall MacAonghais nach maireann às an Ath Leathann am ministear mu dheireadh a bha a' fuireach sa mhansa.

Tamall a sear air an rathad mhòr gu Còrnaig tha Loch an Eilein, is air a' bhile a deas dheth tha Taigh an Eilein. Bha caisteal aig Clann IllEathain air eilean anns an loch nuair a bha Tiriodh san oighreachd aca, is bha cabhsair is drochaid a' dol a-mach thuige.

1748, the channel was filled in – all the work including the procurement of the stone for the castle being carried out by forced labour. And thereby hangs another tale from oral sources. All the crofters from the townships were called on by the factor to carry out the work free of charge. Refusal was not an option even to be contemplated. A poor man who had had to borrow a neighbour's horse and cart in order that he could carry out his allocated task was, of an evening, preparing to go home after discharging his last load. But the factor arrived on the scene and ordered him to go for another load.

Having no alternative but to obey, but still stung to anger by the injustice, he turned to the factor, saying, "I'll do as you command, but you will never pass a night under the roof of Island House." When the building was near to completion, the factor took ill, but to give the lie to the crofter's prophecy, he ordered his servants to carry him on a blanket into Island House. But before they could get him over the threshold, he breathed his last. It is said that Island House is haunted by a brownie.

Beside the Great Reef Dyke – also built by slave labour – close to the farm steadings is Bac a' Chrochaidh ('The Bank of the Hanging'). According to oral sources, it was customary for the MacLeans, when they held sway on Tiree, to hang the person who was last to pay his rent. And the last person to suffer the indignity was a miller's son from Balevullin. His sister was gathering shellfish when word came to her that her brother had been arrested. In great haste, she left for Island House to plead for his life. But the dastardly deed was done before she arrived. All MacLean could

Nuair a chaidh Taigh an Eilein ùr a thogail, chaidh a' chlaise a lìonadh. Is ann le tràill-obair a thogadh an taigh, is tha an sgeulachd seo againn mun obair is mu ghiùlan mì-chneasda a' bhàillidh. Nuair a bha an taigh ùr ga thogail, bha croitearan à baile àraidh a' tarraing chlach airson na h-obrach. Anmoch san fheasgar, bha croitear bochd – a fhuair iasad de dh'each is cairt – a' dèanamh deiseil gu dol dhachaigh an dèidh obair an latha. Ach cò a nochd ach am bàillidh, is thug e òrdan cruaidh dha dol airson luchda eile.

Cha robh nì fon chroitear bhochd ach gabhail ris an òrdan, ach chas e ris a' bhàillidh is thuirt e: "Mar as àill leat, uasail, ach cùm cluas rium. Cha chuir thusa seachad aon oidhche ded bheatha an Taigh an Eilein." Mun robh an togalach uile-gu-lèir ullamh, dh'fhàs am bàillidh tinn. Gu breug a dhèanamh de dh'fhiosachd a' chroiteir, chuir e òrdan teann air a sheirbheisich a ghiùlan air plaide do Thaigh an Eilein. Ach shiubhail e air an stairsnich. Tha e air a ràdh gu bheil an taigh air a thathadh le gruagach.

Ri taobh Gàrradh Mòr na Ruighe – am Pàirc an Eilein – faisg air saibhlean an Eilein, tha bac dan ainm Bac a' Chrochaidh. A rèir beul-aithris, bha e na chleachdadh aig na Leathanaich, nuair a bha an t-eilean aca, am fear mu dheireadh a thigeadh leis a' mhàl a chrochadh. B' e an duine mu dheireadh a chaidh a chrochadh leotha mac muilleir à Baile Mhuilinn. Bha a phiuthar sna faochagan nuair a chual' i gun deachaidh a bràthair a chur an làimh. Thog i oirre air ball gu Taigh an Eilein a ghuidhe airson a bheatha. Ach bha an gnìomh dèante mun do ràinig i. "Nan robh thu an seo na bu tràithe, bha mi air do

say to her was that, had she arrived earlier, he would certainly have spared her brother's life. This is a translation of what a bàrd said at the time:

> *Son of him from Balevullin*
> *Who had the kiln, the grain and the mill,*
> *At the Bay you were dishonoured.*

We also have another story from the time of *am Bàillidh Mòr*, the Big Factor – one of the worst tyrants ever to reside in Island House. The road leading to Island House has a gravel surface, and on a cold and frosty November day, in her bare feet, a woman from Balephuil came to pay the rent. As she found it very painful to walk on the hard gravel, she took to the grass, but when she arrived at the office, the Colonel turned her away, ordering her to walk on the gravel or the rent would not be accepted and she would be evicted.

Over the lintel of the farm steadings is a massive stone, and it was hauled there on a drag-sledge over a great distance by the mare Sally, owned by Duncan MacDougall from Balephuil. (For MacDougall's song composed on Sally's death, see page 15 of *Na Cnuic 's na Glinn*.)

bhràthair a leigeil mu rèir" – sin na thuirt MacIll-
Eathain rithe. Seo mar a thuirt am bàrd:

A mhic an fhir à Baile Mhuilinn
Aig an robh an àth, a' ghràinn 's am muileann,
Aig a' Bhàgh cha d' fhuair thu urram.

Tha sgeulachd eile againn bho linn a' Bhàillidh Mhòir,
aintighearna cho garg is a bha riamh fo sparran Taigh
an Eilein. Tha rathad morghain a' dol sìos chun an
taighe, is air latha fuar aig àm na Fèill Mhàrtainn
thàinig boireannach à Baile Phuill, a casan ris, a
phàigheadh a' mhàil. Choisich i air an fheur gu 'n oifis,
oir bha an grinneal cruaidh gu math goirt air a casan
reòthta, ach nuair a ràinig i thug an Còirneal oirre
tilleadh air ais is an rathad a ghabhail.

Tha clach mhòr tarsainn air àrd-doras saibhlean
an Eilein, agus is i an làir Salaidh, a bha aig
Donnchadh MacDhùghaill (Donnchadh MacLùcais) à
Baile Phuill, a tharraing a' chlach air losgainn. Tha
an t-òran aig Salaidh air t.d. 15 de *Na Cnuic 's na*
Glinn.

Moss

G. *A' Mhòinteach Ruadh*, 'The Red Moss'

Moss is bounded by six townships – Barrapol, Heylipol, Kilmoluag, Kilkenneth, Hough and Balevullin. At one time an inferior type of peat was cut here, but it has been exhausted long since.

Moss was the birthplace of Captain Lachlan MacLean, grandfather of the famous novelist Alistair MacLean, and this story is told about him.

Of an evening, as he was strolling along the deck, he overheard some sailors in the foc'sle debating where the skipper was from, for they knew by his accent that he was a Gael. Among them was Hugh MacDonald from Mannal, and the rest wanted him to ask MacLean where he came from. They even offered him a shilling – a princely sum to a sailor in these days – if he would enquire. Under no circumstances would MacDonald agree, however. But next morning, as he was sorting out ropes on the deck, who perchance came by but the skipper. He stopped and said, "Hugh, why were you afraid to ask me where I came from? Why did you not accept the shilling on offer?" MacDonald wished that the deck would swallow him, but Maclean went on: "I, like yourself, am from Tiree. I am Lachlan MacLean from Moss."

Another skipper from Moss was Malcolm Cameron, the composer of *Oran Chaluim Chamshroin*. I knew him well when I was a schoolboy, but, like many others from the island, he lost his life in the Second

A' Mhòinteach Ruadh

Tha a' Mhòinteach an crìch ri sia bailtean eile – Goirtean Dòmhnaill, an Cruairtean, Cill Moluag, Cille Choinnich, Hogh agus Baile Mhuilinn. Aig aon àm bha mòine air a buain innte, ach is fhada on latha sin anns an deachaidh am fòd mu dheireadh a losgadh.

B' ann às a' Mhòintich a bha an Caiptean Lachainn MacIllEathain (Lachainn Bròige), agus b'esan seanair an nobhailiche Alasdair MacIllEathain. B' ann na sgìobair air soithichean sheòl a bha e, agus tha an sgeul seo air a h-aithris mu dheidhinn.

Air aon oidhche is e a' gabhail sràid air clàr-uachdair na luinge, chual' e seòladairean a' deasbad cò às a bha an sgiobair, oir bha fhios aca gum bu Ghàidheal e. Nam measg bha Eòghann Dòmhnallach (Eòghann Mac Dhòmhnaill Ruaidh), gille òg à Manal, is thuirt càch ris gun toireadh iad tasdan dha nam faighnicheadh e don sgiobair cò às a bha e. Ach b' e sin aon rud nach dèanadh an Dòmhnallach air chor sam bith. Sa mhadainn, is e air a' bhòrd-luinge a' pasgadh ròpan, cò a thàinig na rathad ach an sgiobair, agus sheas e aige is thuirt e: "Carson nach do ghabh thu an tasdan a bha air thairgse a-raoir, Eòghainn?" Chrom Eòghann a cheann, ach chùm an sgiobair air: "Tha mise às an aon eilean riut fhèin. Is mise Lachainn Bròige às a' Mhòintich. Falbh is gabh an tasdan." Co-dhiù a ghabh e an t-airgead chan eil fios againn.

B' ann às a' Mhòintich cuideachd a bha Calum

World War. Although poor circumstances – his father had only a very small croft – forced him to leave school at 14 years of age and take up seafaring for a living, he was an exceptionally clever man.

When he was due to sit for his foreign master's ticket, he presented himself at the Nautical College seven days before the Christmas break, informing the Principal that he wished to sit his exam before the holidays. Rather taken aback with Cameron's bold statement, the Principal remonstrated, saying, "Do you think for one minute you can get a master's ticket in seven days? It took me six weeks to get mine!" But Calum quietly replied, "All I want is the certificate. I have the ticket already." At the end of seven days he sent a telegram to his mother which read: "Passed with flying colours, the only one out of seven."

Camshron, a rinn *Oran Chaluim Chamshroin*. Bha mi glè eòlach air nuair a bha mi nam bhalach, ach mar iomadh sgiobair is seòladair eile, chaill e a bheatha sa chogadh mu dheireadh. Ged a dh'fhàg e an sgoil aig aois ceithir bliadhna deug, b' e fìor sgoilear a bha ann agus tha an sgeulachd seo againn air.

Nuair a bha e aig an ìre a dhol airson ticead sgiobair, nochd e aig a' Cholaisde Sheòlaidh seachd latha ro shaor-làithean na Nollaig, ag ràdh gum bu mhath leis suidhe airson na ticeid ro na saor-làithean. Am beachd gun robh e tuilleadh is dàn, thuirt ceannard na Colaisde ris nach b' urrainn a leithid a bhith. "Chuir mise seachad sia seachdainean a' toirt a-mach ticead sgiobair," thuirt e ris. Ach fhreagair Calum, "Chan eil a dhìth ormsa ach am barantas; tha an ticead agam cheana." Aig ceann nan seachd latha chuir e teileagram gu a mhàthair ag ràdh: "Passed with flying colours, the only one out of seven." Abair thusa sgoilear!

Gott

G. *Got*, from *Godhr*, a N. personal name

Gott marches with Scarinish on the south-west and with Earnal on the west and to the north with Kirkapol. It is on the road that leads to the east end of the island. It has a craft shop called 'The Glebe'.

On the magnificent Tràigh Mhòr ('Big Beach') there is a small flat rock known as Mallachdaig ('Little Accursed One'). According to oral sources, St Columba – during a visit to Tiree – tied his coracle to a bunch of seaweed growing on this rock. On his return, he found the coracle adrift, the seaweed anchor having given way. So angry was the saint that he put a curse on the rock and ordained that nothing would ever grow on it. And bare it is to this day.

The old parish manse was situated at Gott, the original being a thatched cottage. But in the first part of the 19th century a new manse was built, and the first minister to occupy it was the Rev Neil MacLean, who was inducted to Kirkapol parish, and also to Coll in 1817. It was MacLean who compiled the 1843 *Statistical Report* on Tiree and Coll. A new manse was built beside the old manse a few years ago.

There is a saying in Tiree which translates as "He stopped at Gott." The story goes that the saying is used when a person is late for a meeting or any other kind of appointment. The explanation is that in days past there was a change-house in Gott. Naturally, a person could be delayed here on his way to an

Got

Godhr, ainm pearsanta L.

Tha Got an crìch ri Sgairinis air an taobh an iar-dheas, is an crìch ri Earnal air an taobh an iar is ri Circeabol air an taobh an ear-thuath. Tha bùth-ealain ann dan ainm 'A' Ghlìob'.

Air Tràigh Mhòr Ghot tha Mallachdaig, creag lom gun fheamainn, a mhallaich Calum Cille nuair a cheangail e a' churach aige ri bad feamna a bha a' fàs oirre. Nuair a thill e bhàrr a thurais, cha robh sgeul air a' churaich. Leis cho feargach 's a bha e, chuir e a mhallachd oirre nach fàsadh feamainn no eile oirre gu bràth. Agus sin mar a tha i gus an là an-diugh.

Is ann an Got a bha seann mhansa sgìre Chirceaboil. Cha robh ann ach taigh-tugha gus an deachaidh mansa ùr a thogail ro mheadhan na naoidheamh linn deug. B' e a' chiad mhinistear a chaidh don mhansa ùr an t-Urr. Niall MacIllEathain, a chaidh a ghairm do dh'eaglais Chirceaboil sa bhliadhna 1817. B' e MacIllEathain a chuir ri chèile an *Aithisg Aireamhail* air Tiriodh is Colla sa bhliadhna 1843. Chaidh mansa ùr a thogail deas air an t-seann mhansa o chionn beagan bhliadhnachan air ais.

Tha facal aig na Tirisdich – "Stad e mu Ghot" – airson neach a tha fadalach airson coinneimh no nì eile mar sin. Is tha e air a ràdh gur e mìneachadh an fhacail gun robh taigh-seinnse uaireigin den t-saoghal ann an Got is gum b' e sin a b' adhbhar do neach sam bith a bhith fadalach. Ach tha sgeulachd fada nas

appointment or meeting. But there is a far better story than that in connection with the saying.

A certain man from Caolas set out very early of a Hogmanay morning for Taigh an Lòin in Barrapol to buy a pitcher of whisky. But not only did he obtain the whisky, he also had a generous sampling of hospitality while there. On his way back the dusk of evening was falling as he passed Heanish, and before he got to Gott it was pitch-black.

As he was passing the Fairy Knoll, he heard the most beautiful music coming from its direction, and in spite of himself he was drawn to it. When he arrived at the knoll the door was open and, in his happy state of mind, he entered without hesitation. Inside was a large number of fairies singing and dancing.

With the pitcher still on his back, he joined in the merriment until it was nearly dawn. Suddenly realising where he was, he made for the exit, just managing to escape as the door was closing. But on arriving home he discovered it was not one night that he had spent in the fairy knoll but a whole long year. This gentleman was certainly delayed at Gott!

South of the old manse – now the craft shop – is Port nan Caorach ('Haven of the Sheep'), and nearby is the site of Dùn Ghot.

fheàrr na sin an lùib an t-seanfhacail.

Bha fear às a' Chaolas a thog air tràth air madainn nan Callainnean gu Taigh an Lòin an Goirtean Dòmhnaill a cheannach pige uisge-bheatha airson na Bliadhn' Uire. Nise, bha an cèilidh fada is an t-uisge-beatha math an Taigh an Lòin, is rug ciaradh an fheasgair air a' dol seachad air Hianais. Is bha i dubh, dall, dorcha aige mun tug e mach Got.

A' tighinn air bho Chnoc an t-Sìdhein, chual' e an ceòl a bu bhinne a chualas riamh le cluais, is ge b' oil leis, bha e air a tharraing thuige. Nuair a ràinig e an cnoc bha am brugh fosgailte, is leis na bha den deoch làidir na cheann ghabh e a-steach. Bha am brugh làn de na daoine beaga, iad uile ri ceòl, dannsadh is aighear.

Nam measg a dhannsadh ghabh mo laochan, am pige air a dhruim. Chuir e seachad an oidhche gu sòlasach, is air a' mhadainn a-màireach mun do dhùin am brugh thog e air dhachaigh. Ach mo chreach, dè a fhuair e a-mach ach nach b' i aon oidhche a chuir e seachad ri aighear còmhla ris na daoine beaga ach bhliadhna mhòr fhada. Chan eil teagamh sam bith ann nach do stad am fear seo mu Ghot!

Deas air an t-seann mhansa tha Port nan Caorach, is air crìch na glìbe tha làrach Dùn Ghot.

Kirkapol

N. *kirkja*, 'church', and *ból*, 'township'

As I have already mentioned, Kirkapol is north-east of Gott, and there is a hotel there called 'The Lodge Hotel.' At the back of the Lodge are Kirkapol Cemeteries. A short distance away is a guesthouse which provides accommodation. The building used to be the Free Church.

At one time the Lodge was the home of Lady Victoria Campbell, and after that of her sister, the Lady Francis Balfour. Victoria Campbell – the 'Lady', as she was affectionately known in Tiree – was very popular, for she did much to heal the deep rift that existed between her father George, the 8th Duke, and the Tirisdich after the rebellion of 1886.

There are two cemeteries in Kirkapol, Cladh Odhrain ('Churchyard of Oran', after Oran of Iona) and the Cladh Beag ('Small Churchyard'). There is no trace of the chapel in Cladh Odhrain, but the walls of the chapel in the Cladh Beag are still in a reasonable state of preservation. The building is reckoned to be between seven hundred and eight hundred years old. On a knoll east of the Cladh Beag stand the remains of a more ancient chapel which was possibly dedicated to St Columba himself. According to Munch (*Chronicles of Man and the Sudreys*), Ayg MacPhetris was appointed to this chapel by the Pope in 1375. There was no churchyard round the chapel. There are some very interesting and well-preserved ancient stones in

116

Circeabol

kirkja (L.), 'eaglais', agus *ból* ('baile')

Mar a thuirt mi cheana, tha Circeabol tuath air Got.
Agus tha taigh-òsda ann dan ainm 'An Loidse.' Air
cùlaibh na Loidse tha Cladhan Chirceaboil. Tamall
às sear tha taigh-bìdh far a bheil cuid an latha 's na
h-oidhche agus blasad bìdh. Is i eaglais a bha san
togalach seo o chionn còrr is fichead bliadhna air ais.

B' i an Loidse aig aon àm dachaigh na Baintigh-
earna Bhictoria Chaimbeil, agus na dèidh-se dachaigh
a peathar, a' Bhaintighearna Frangag Bhalfour. Bha
meas mòr an Tiriodh air an 'Leadaidh', mar a theirte
rithe, oir rinn i mòran gu leigheas nan lotan domhainn
a dh'fhàg aimhreit an fhearainn eadar a h-athair
Deòrsa, an t-ochdamh Diùc, agus na Tirisdich.

Tha dà chladh an Circeabol, Cladh Odhrain agus
an Cladh Beag. Chan eil sgeul air an teampall a bha
an Cladh Odhrain, ach tha ballachan an teampaill sa
Chladh Bheag fhathast an làthair. A rèir eachdraidh,
tha an togalach còrr air seachd ceud bliadhna. Cò air
a bha e ainmichte, chan eil fios. Ach air cnoc tuath air
a' Chladh Bheag tha ballachan teampaill a tha air
leth aosda, is thatar den bheachd gur ann air Calum
Cille fhèin a bha e ainmichte.

A rèir an fhiosrachaidh a tha againn o Mhunch,
bha Aodh MacPhèadrais air a shuidheachadh an seo
leis a' Phàp sa bhliadhna 1375 (*Eachdraidh Eilein
Mhanainn agus Arcaibh*). Cha robh cladh idir
timcheall air an teampall.

117

the Cladh Beag. Eight sculptured slabs in this enclosure are of a type associated with the West Highlands. Two are to be found on the south side of the chapel. One, which has been damaged, lies flat on the ground, but the other stands erect and is fairly well preserved. There are six slabs east of the chapel. Two are well-worn, the carving on them having completely disappeared. Another has been broken. The most significant one is 68" long by 15" broad. On the obverse side is carved a two-handed sword amid foliage, and on the bevel of its margin is the incised inscription in Gothic letters FINGONIVS : PRIOR : DE : Y : ME : DEDID : PHILIPPO : IOANNIS : ET : SVIS : FILIIS : ANNO DOMINI M CCCC XCII ("Finguine Abbot of Iona dedicated me to Philip, John and his sons AD 1492").

About twenty-five yards east of the cemetery was a well known as Tobar Eachainn ('Hector's Well'). It was situated in the bank of the burn known locally as the Sruthan ('Small Stream'). But it was closed about fifty years ago, as its water was considered not to be suitable for drinking because of its close proximity to the cemetery. But before that the water was deemed to have healing powers.

Cnoc an Fhamhair ('The Giant's Knoll') is in front of Lodge Farm. Buried here, according to oral sources, is a Viking giant. The grave is covered with a large stone slab, and its location was discovered by a man when he was out ploughing with a tractor.

Near to the Lodge was born and bred the Rev Hector MacKinnon, one of Tiree's most famous pastoral sons. In his day, he was known as 'the Spurgeon of the North' because of his eloquence as a preacher. A plaque commemorating this great son of

Sa Chladh Bheag tha suas ri ochd de sheann leacan. Tha a dhà dhiubh deas air an teampall. Tha aon dhiubh a thuit gu làr ach tha an tèile na seasamh fhathast. Sear air an teampall tha na sia eile air lorg. Nam measg tha clach a tha mu ochd is trì fichead òirleach an àirde is mu chòig òirlich dheug air leud. Snaidhte oirre tha claidheamh dà-làmhach air a chuartachadh le deilbh dhuilleagach, agus air na h-oirean aice tha snaidhte na facail FINGONIVS : PRIOR : DE : Y : ME : DEDID : PHILIPPO : IOANNIS : ET : SVIS : FILIIS : ANNO DOMINI M CCCC XCII ("Choisrig Mac Fhiongain Ardaba Idhe mise do Philip, Iain agus a mhic AD 1492").

Sear air a' chladh, ann am bruaich uillt dan ainm Sruthan, bha Tobar Eachainn. Chaidh a chòmhdach o chionn leth-cheud bliadhna air ais, oir bha daoine den bheachd nach robh an t-uisge ann fallain is e cho faisg air a chladh. Ach roimhe sin, mar Thobar an Dòmhnaich, bha e air a mheas mar spatha.

Faisg air Tuathanas na Loidse tha Cnoc an Fhamhair. Tha beul-aithris ag innse dhuinn gur e Lochannach mòr garg a tha tìodhlaicte an seo. Chaidh an leac a lorg le fear a bha a' treabhadh le tractar.

Is ann faisg air an Loidse a rugadh 's a thogadh am ministear ainmeil an t-Urr. Eachann MacFhionghain (Eachann 'ill Easbaig 'ic Dhòmhnaill 'ic Eachainn). Bha an duine naomh seo air searmonaiche cho ainmeil 's a thàinig riamh às a' Ghàidhealtachd. B' e 'Spurgeon a' Chinn a Tuath' a theirte ris na latha. Rugadh e sa bhliadhna 1866 is chaochail e ann an Shettleston an 1913. Tha e tìodhlaicte an Cladh Shandymount an sin. Rè a làithean an seirbheis an Tighearna bha e na mhinistear an Tiriodh, an Steòrnabhagh, an Ceann Loch is an Shettleston. Tha

Tiree hangs in Kirkapol Church. He was born in 1866 and died in Shettleston in 1913. He is interred in Sandymount Cemetery there. His first church was Kirkapol, and his other charges were in Stornoway, Campbeltown and Shettleston.

Vaul

Gaelic *Bhalla*, from N. *fjall*

Vaul is situated north of Kirkapol and is referred to as Lower Vaul and Upper Vaul.

There are two Pictish brochs to be found in Vaul – the Dùn Mòr and the Dùn Beag ('Big Fort' and 'Little Fort'). The larger of the two has been excavated on two occasions. The first excavation took place over 100 years ago and was carried out by the Marquis of Lorne. The second is more recent, and it was carried out by Dr Euan MacKie and his team. The outer and inner walls were exposed, and inside the ramparts traces of huts were found. But no relics of any value were found outwith stone hammers, some pottery and a flint or two.

The smaller fort was situated about a quarter of a mile away from the Dùn Mòr, but all that remains today is a green mound about 30 feet in height and around 200 feet in diameter. The ruins of small buildings can be traced on the top. Nothing of value has been found in its vicinity.

Flora MacKinnon, mother of Mairi MacArthur, Mod Gold Medallist at Largs in 1965, was a native of Vaul. Flora (Mrs Leitch) was married in Lochgilphead, where she passed away recently. Mairi herself is always proud of her Tiree roots.

clàr air balla Eaglais Chirceaboil mar chuimhneachan air.

Bhalla

fjall (L.) 'cnoc'

Tha Bhalla suidhichte tuath air Circeabol agus tha e air a rinn mar Bhalla Iochdrach agus Bhalla Uachdrach.

Tha dà dhùn Cruithneach ann a Bhalla – an Dùn Mòr is an Dùn Beag. Chaidh cladhach a dhèanamh air an Dùn Mhòr air dà thuras – a' chiad uair o chionn ceud bliadhna air ais leis a' Mharcas Latharnach, is an dàrna uair o chionn còrr is deich bliadhna fichead leis an Dr Eòghann MacAoidh agus a sgioba. Thugadh am balla a-muigh is am balla a-staigh an uachdar agus chan eil teagamh ann nach b' e dùn comasach a bha ann. Air taobh a-staigh nam bàbhan, chaidh làraichean bhothan a lorg. Ach cha do lorgadh mòran fhuigheall a b' fhiach an t-saothair a-mach bho ùird chloiche, pìosan de shoithichean creadha agus spor no dhà.

Tha an Dùn Beag mu chàirteal a' mhìle air falbh bhon Dùn Mhòr. Chan eil ann an-diugh ach nàdar de chnoc mu dheich air fhichead troigh an àirde agus mu dhà cheud troigh an croislinn. Tha làraichean thogalaichean beaga air a mhullach. Cha d' fhuaras nì a b' fhiach an t-saothair na chòir. Tha togalach beag cruinn deas air an dùn mu shia troighean an croislinn thar nam ballachan a-muigh agus mu thrì troighean

Salum

    N. *sal*, 'sea', and *hólmr*, 'island'

Salum lies about half a mile east of Vaul and between the two villages is a place called Mithealam (N. *mjó*, 'channel,' and *Salum*).

Over a hundred years ago fishermen from the east coast made use of Salum Bay as a fishing station. At the east end of the bay is An Dùnan ('Small Fort'), which stands on a rock that is tidal. Some relics have been found here, for example a stone-hammer made from quartz. North-east of the fort is the small island of Fàdamull (N. *vadhill*, 'a shallow', and *hólmr*, 'island'). It is tidal, and there are traces of an ancient causeway leading out to it.

Salum was the birthplace of the late Morag MacDonald's mother. Morag won the Mod Gold Medal at Inverness in 1928. Her mother's maiden name was Munn, and it was for her that John MacLean, Urvaig, composed the song *A Mhaighdeann Og à Salum* ('Young Maid from Salum').

gu leth thar nam ballachan a-staigh.

Is ann à Bhalla a bha Flòraidh NicFhionghain (Flòraidh Theàrlaich Lachainn Ruaidh), màthair Mairi NicArtair, a choisinn Bonn Oir a' Chomuinn sna Leargaidh Ghallta sa bhliadhna 1965. Chaochail Flòraidh an Ceann Loch Gilp o chionn bliadhna no dhà air ais. Tha taobh mòr aig Mairi fhèin ri Tiriodh.

Salum
    sal (L.), 'muir', agus *hólmr*, 'eilean'

Tha Salum mu leth-mhìle sear air Bhalla agus eadar an dà bhaile tha àite dan ainm Mithealam – *mjó* (L.), 'caol', agus *Salum*.

O chionn còrr math is ceud bliadhna air ais, bha e na chleachdadh aig iasgairean bhon Aird an Ear tighinn gu Bàgh Shaluim. Aig ceann an ear a' bhàigh, air creig a tha air a cuartachadh leis an làn, tha an Dùnan, is chaidh fuighill a lorg an seo, nam measg òrd cloiche quartz. An ear-thuath air an Dùnan tha Fàdamull, eilean beag a tha air a chuartachadh leis an làn, is tha làrach a' chabhsair a bha a' dol a-mach thuige fhathast air lorg.

B' ann à Salum a bha màthair Mòraig NicDhòmh-naill, a choisinn Bonn Oir a' Chomuinn sa bhliadhna 1928 an Inbhir Nis. B' i bana-Mhunnach a bha innte, agus is ann dhi a rinn Iain MacIllEathain (Iain Lachainn na h-Urbhaig) an t-òran *A Mhaighdeann Og à Salum*.

Ruaig

N. *rudh*, 'clearing', and *vík*, 'bay'

Ruaig lies east of Vaul and is not a very large township. Part of it is called Brock, which is named after a north-east fishing town.

Skipness (N. *skip*, 'ship', and *nes*, 'point') is a part of the township, and situated on a rocky point is the Pictish fort of Dùn Sgibinis. Although it has more or less disappeared, relics in the form of pottery and some stone hammers have been found among the ruins.

South of Ruaig, at the east end of Loch Gott, is Eilean Shòdhaigh ('Sheep Island', from N. *saudhr*, 'sheep'). According to the late Rev John Gregorson Campbell, it was once occupied by the little people. But there can be no doubt that fiercer beings occupied it many years ago. On its southern promontory stood Dun Ottir, the second element being a personal name. How many fierce raiders found refuge inside its walls, and how many warlike galleys found shelter in the adjoining Acarsaid Fhalaich ('Hidden Anchorage'), one can only surmise.

The renowned Gaelic writer Donald Lamont D.D. belonged to Ruaig. He spent many years as Gaelic editor of the Church of Scotland magazine *Life and Work*. *Prose Writings of Donald Lamont* was published in 1960, and reprinted in 1988. Dr Lamont spent many years as parish minister in Blair Atholl and he is buried in the churchyard there. Also from Ruaig was Captain Hugh MacLeod, who won the DSC but was lost on the Russian convoys.

Rubhaig
rudh (L.), 'àite fosgailte', agus *vík*, 'bàgh'

Tha Rubhaig sear air Bhalla is chan e baile ro mhòr a tha ann. Tha àite ann dan ainm am Broc.

Is ann an Rubhaig a tha Sgibinis, agus suidhichte air creig dlùth air Port Sgibinis tha Dùn Sgibinis, seann dùn Cruithneach. Ged mach cil mòran dheth an làthair an-diugh, fhuaras soithichean creadha agus òrd-cloiche no dhà air an làrach.

Deas air Rubhaig, aig ceann sear Loch Ghot, tha Eilean Shòdhaigh, is e air a chuartachadh leis an làn. A rèir an Urr. Iain G. Caimbeul, bha sìdhichean a' fuireach ann. Ach chan eil teagamh ann nach robh daoine gu math na bu bhuirbe na sìdhichean ann o chian nan cian. Air rinn chreagach air a' cheann a deas dheth tha làrach Dhùn Oitir, ach cò na spùinneadairean borba a fhuair dìon air taobh a-staigh nan ballachan, is dè na birlinnean coganta a fhuair fasgadh anns an Acarsaid Fhalaich faisg air, chan fhios dhuinn.

B' ann à Rubhaig a bha an sgoilear Gàidhlig ainmeil an t-Ollamh Urr. Dòmhnall MacLaomainn. Chuir e seachad iomadh bliadhna a' sgrìobhadh anns *Na Duilleagan Gàidhlig* ann an *Life and Work*, iris Eaglais na h-Alba. Chaidh na sgrìobhaidhean aige a chruinneachadh agus fhoillseachadh san leabhar *Prose Writings of Donald Lamont* ann an 1960. Chuir e seachad ùine mhòr na mhinistear am Blàr an Athaill agus tha e tìodhlaicte an sin. Agus b' ann à Rubhaig a bha an Caiptean Eòghann MacLeòid, a fhuair an DSC ach a chailleadh air na conbhoidhean Ruiseanach.

Caolas

G. *caolas*, 'sound/strait'

Caolas lies to the north and east of Ruaig, and off its eastern shore are Gunna and Coll.

There was a cemetery at Croish in Caolas, and the late Calum MacDonald told me that he attended a funeral there as a teenager. Dr Reeves makes mention of this cemetery and also says that there was a chapel nearby.

On a short distance east of of Croish there is a knoll called Mullach nan Ceall ('Top of the Cell' or 'of the Shrine'). There is little doubt that a chapel existed here, for a short distance west of this spot is a place known as Cnoc nan Anart ('Hillock of the Linen'). This was where the monks bleached their linen. There can be no doubt that Mullach nan Ceall was the site of the chapel mentioned by Reeves.

About a quarter of a mile north-west of Mullach nan Ceall is the site of the Dùn Beag. Not a trace of the building remains, for over the years the stones from its wall were removed to build houses. A piece of polished deer horn with a barb was found in the vicinity – part of an ancient spear perhaps?

North of the Dùn Beag is Miodar (N. *mjó*, 'narrow', and *dalr*, 'dale') – the farm the Cameron family got when they left Craignis. East of Miodar is Urbhaig (N. *urjar*, 'stony', and *vík*, 'bay'). East of Urbhaig Point is a small bay known as Port Chloinn Nèill ('Haven of the MacNeills').

An Caolas

Tha an Caolas tuath agus sear air Rubhaig. Air a' chladach shear dheth tha Gunna agus Colla Creagach.

Tha cladh aig Crois a' Chaolais, agus chuala mi aig Calum Dòmhnallach nach maireann (Calum Alasdair a' Ghobhainn) gun robh e aig tòrradh ann nuair a bha e na ghille òg. Tha an Dr Reeves a' dèanamh iomraidh air a' chladh seo agus tha e ag ràdh gun robh teampall faisg air.

Tamall sear air a' chladh, air cnoc àrd, tha Mullach nan Ceall, far an robh teampall o chian nan cian, is chan eil teagamh ann nach e seo an teampall air a bheil an Dotair a' dèanamh iomraidh. Ged a bha cuid ann a bha a' cur teagaimh anns na thubhairt e, tha dearbhadh math againn gun robh e ceart, oir beagan siar air Mullach nan Ceall tha Cnoc nan Anart, far am biodh na manaich a' cur air thodhar an cuid anart.

Mu chairteal a' mhìle an iar-thuath air Mullach nan Ceall tha cnoc far an robh Dùn Beag a' Chaolais suidhichte. Chan eil lorg air an-diugh, oir is fhada on latha sin anns an deachaidh na clachan às a chur an sàs a thogail thaighean. Fhuaras pìos de dh'adhairc fèidh faisg air. Bha e lìomhte, le bàrr biorach air – ceann sleagha, math dh'fhaodte?

Tuath air an Dùn Bheag tha am Mìodar, far an do thuinich na Camshronaich a bha an Cràiginis. Air a' cheann shear dheth tha Rubha na h-Urbhaig, is

127

When Iain Garve MacLean of Coll defeated the remnants of the MacNeills at the bloody battle of Bàgh Ghunnaidh ('Gunnar's Bay', Gunnar being a Norse personal name), the survivors fled across Gunna Sound to a small cover near Urbhaig, hotly pursued by the MacLean galley.

The pursuers landed at a gully a short distance away. The gully is known as Sloc na Birlinn ('Hollow of the Galley') to this day. As night was falling, the MacLeans hid here till morning. They then set out to hunt down the enemy, putting them all to the sword. That was how this small, sandy cove got the name of Port Chloinn Nèill.

On the south side of Caolas, on a high knoll, was the Dùn Mòr. But not a trace of it remains. On the summit of the knoll is a small reservoir that supplies water to the east end of the island. To the east, under the shadow of the Dùn Mòr, is An Acarsaid ('The Anchorage'). It is a comparatively safe anchorage, but dangerous to enter for those who are not familiar with the coastline. A jetty was built here some years ago for the local lobster fishermen.

South of Port Bàn ('White Haven') there is a gully about twelve feet wide, and it is known as Leum Eachainn Mhòir ('Big Hector's Leap'). Oral sources say that Hector leaped backwards across this chasm when hard-pressed by an enemy. The identity of our hero has been lost in the mists of time.

It was above the Acarsaid that Johnny Mac-Kenzie, a well-known footballer of the late Forties and early Fifties, was brought up. His mother was a native of Caolas. John played for Partick Thistle for a number of years. He was capped for Scotland on eight occasions deas air an Rubha tha Port Chloinn Nèill.

Nuair a chuir Iain Garbh MacIllEathain an ruaig air Cloinn Nèill an eilean Cholla, theich aon bhàta tarsainn am Bun Dubh gu 'n Chaolas. Thàinig iad air tìr an geodha beag faisg air an Urbhaig. Sin mar a fhuair an geodha an t-ainm Port Chloinn Nèill, is tha e air a ràdh gun deachaidh cnàmhan dhaoine a lorg faisg air nuair a bha seanair tè dam b' ainm Fionnghal na h-Urbhaig a dèanamh rèitich aig àm togail taighe.

Lean na Leathanaich iad, is chaidh iadsan a-staigh do shloc eile dlùth do làimh, agus is e Sloc na Birlinn a theirear ris gus an là an-diugh. Dh'fhan iad am falach gu bristeadh na faire is an sin thog iad orra air tòir na nàmhad. Thòisich an sin an iorghaill às ùr, is b' e deireadh na cùise gun deachaidh Clann Nèill uile a mharbhadh.

Is ann air cnoc àrd air taobh a deas a' Chaolais a bha an Dùn Mòr, ach chan eil lorg air an-diugh. Tha ionad-tasgaidh a tha a' cumail uisge ris a' cheann shear den eilean suidhichte far an robh an Dùn. Sear, fo sgàile an Dùin Mhòir, tha Acarsaid an Dùin, port a tha an dà chuid tèarainte ach fhathast cunnartach. Chaidh ceidhe beag ùr a thogail an seo do dhaoine a tha ri iasgach ghiomach.

Beagan deas air a' Phort Bhàn, air cladach sear a' Chaolais, tha sloc mu dheich troighean a leud dan ainm Leum Eachainn Mhòir. Tha e air a ràdh gun do leum Eachann tarsainn an t-sluic an comhair a chùil nuair a bha nàmhaid a' tighinn a-nìos air. Cò a bha ann chan eil for againn.

Is ann os cionn Acarsaid an Dùin a thogadh Iain Eàirdsidh MacCoinnich, cluicheadair ainmeil ball-coise na latha. Chuir Iain seachad bliadhnachan a' and played in the 1954 World Cup.

East of the Acarsaid is a part of Caolas known as Milton simply because there was a small mill there. The quern-stone can still be seen a short distance above the high water mark. The last miller was Hugh MacDonald, and he had a son Archie who was a boat-builder. Archie had two sons who were both Master Mariners and sailed in the Baron Line. Alick was Commodore of the line, and he was the composer of the song *Tìr Iosal Mo Ghaoil* ('My Beloved Low-lying Land'). This is a translation of what he said about the derelict mill:

> *There is a mill and winnowing-house with*
> *only the ruins remaining,*
> *The nettle grows around each cairn and bank;*
> *From the drained linn can be heard only a*
> *murmuring trickle*
> *From the stream that used to drive the quern-*
> *stone.*

There were two notable poets from Caolas. One was John MacLean (Iain Mac Ailein), bard to the Laird of Coll. The second one was also a John MacLean, a grandson of the first poet's brother Neil. Iain Mac Ailein was born in Caolas in 1787, and he died in Antigonish, Nova Scotia, in 1848.

It was shortly after he emigrated that he composed the well-known song *A' Choille Ghruamach* ('The Gloomy Wood'). But although this is a very fine piece of poetry, MacLean composed a poem that surpasses it by far – an elegy to Mrs Noble, the daughter of Colin MacNiven, former tacksman at cluich aig Partick Thistle. Chluich e air ochd turasan ann an geansaidh gorm na h-Alba, is chluich e an Cuach an t-Saoghail an 1954.

Tamall sear air an Acarsaid bha muileann, is tha a' chlach-bhrà an làthair fhathast. B' e Eòghann MacDhòmhnaill ('am Muillear') am muillear mu dheireadh a bha ri bleith ann. Bha mac aige dam b' ainm Gilleasbaig, is bhiodh e a' togail gheòlachan. Bha dithis mhac Ghilleasbaig nan sgiobairean ann am bàtaichean Hogarth agus bha Ailig na Chommodore. B' esan a rinn an t-òran *Tìr Iosal Mo Ghaoil*. Seo mar a thuirt e mun mhuileann:

*Tha muilleann 's taigh-càthaidh gun ann dhiubh
ach làrach,
Tha 'n fheanntag a' fàs mu gach càrn agus
bruaich;
Bhon linne tha tràighte cha chluinnear ach
snàmh-ruith
Bhon t-sruth sin a b' àbhaist a' bhrà chur mun
cuairt.*

Bha dà bhàrd glè ainmeil às a' Chaolas – Iain Mac Ailein, Bàrd Thighearna Cholla, agus Iain Lachainn na h-Urbhaig, ogha do bhràthair Iain 'ic Ailein. Rugadh Iain Mac Ailein fhèin an 1787, agus chaidh e air imrich sa bhliadhna 1819. Shiubhail e an Antigonish an Alba Nuadh sa bhliadhna 1848.

Is ann aig àm na h-imrich sin a rinn e an t-òran *A' Choille Ghruamach*. Ach brèagha is mar a tha a' bhàrdachd seo, tha bàrdachd a bheir bàrr oirre anns a' mharbhrann a rinn e do Mrs Noble, an nighean aig Cailean MacCrithein, Fear Ghrianail:

Greenhill (see page 58). Here is part of it in translation.

> *I'm so sad for your children,*
> *Since they're weak without a mother's support,*
> *Like a vessel that's storm-tossed*
> *In a turbulent sea off her course;*
> *In the dangerous billows*
> *She has broken her bindings and helm;*
> *Her chart has been torn,*
> *Gone the compass, the masts and the sails.*
>
> *Ruin came to the homestead*
> *When mountainous seas rose from the deep;*
> *My apple tree fell in my garden*
> *And scattered its bloom on the grass;*
> *My candle was snuffed out*
> *That shone so bright round the table;*
> *Broken the glass in my mirror,*
> *Gone the diamond in my ring of pure gold.*

Mrs Noble had died in Whycocomagh in 1843 at 38 years of age. She was married to Dr John Noble, who belonged to Inverness. John Mackenzie, in an early edition of *Sàr Obair nam Bàrd Gàidhealach* ('The Beauties of Gaelic Poetry'), referred to the elegy as "perhaps unsurpassed by anything of the kind in the language". He goes on to say: "It abounds in beautiful similes." And to justify Mackenzie's judgement, the late Rev Hector Cameron, the editor of *Na Bàird Thirisdeach* ('The Tiree Bards'), designated the elegy as "perhaps the finest in the Gaelic language".

The shoreline south of Caolas is rocky and extremely treacherous, and on Na Suacain ('The

'S leam is duilich do phàisdean,
Gur lag iad 's gun mhàthair rin cùl,
'S iad mar luing air am fuadach
Ann an ànradh a' chuain bhàrr a cùrs';
Tha i 'n cunnart gach stuaighe,
Bhrist na ceanglaichean, dh'fhuasgail an stiùir;
Tha chairt-iùil air a sracadh,
Dh'fhalbh a' chombaist, na slatan 's na siùil.

Thàinig dìth air an fhàrdaich
Nuair a dh'èirich muir-bhàthte fo cròic;
Thuit craobh-ubhal mo ghàrraidh
Is fhroiseadh a blàth feadh an fheòir;
Chaidh mo choinneal a smàladh
Bu ghlan solas a' deàrrsadh mun bhòrd;
Bhrist an glainne bha 'm sgàthan,
Dh'fhalbh an daoimean à m' fhàinne glan òir.

Anns a' chiad chlò-bhualadh air *Sàr Obair nam Bàrd Gàidhealach*, tha MacCoinnich ag ràdh gu bheil an cumha air aon cho brèagha is a tha againn sa Ghàidhlig, is chan eil neach a leugh e nach rachadh leis a sin. Chaochail Mrs Noble ann a Whycocomagh sa bhliadhna 1843. Bha i pòsda aig an Dr Iain Noble, a rugadh an Inbhir Nis mun bhliadhna 1790.

Is e cladach doirbh a tha deas air a' Chaolas, agus air sgeirean dan ainm Na Suacain chall triùir fhear às a' Chaolas am beatha. Rinn Iain Mac Ailein cumha dhaibh. Seo aon rann:

Ged a thill sibh gar n-ionnsaigh
Ann an ùine ro gheàrr,

133

Furnaces') three men perished when their boat was driven on to them in a storm. Iain Mac Ailein composed a lament at the time of the tragedy, part of which might be rendered as follows:

> *Although you returned to us*
> *In a very short time,*
> *Instead of much rejoicing,*
> *We were overwhelmed with sadness.*
> *You perished on the Suacain*
> *In seas without mercy;*
> *It was not your lack of knowledge*
> *That sent you there under sail.*

The other John MacLean I referred to above was Iain Lachainn na h-Urbhaig (John, son of Lachie of Urvaig). He was born at Urvaig in 1867 and died in 1895 aged 28 years. He was a sailor and composed a number of very fine love songs. His best and most popular piece is *Tha Mi fo Smuairean* ('I Am Melancholy'). This beautiful love song was composed for Mary Campbell of Kintail in Mull after she had forsaken him for a Glasgow policeman. He also composed two other songs to her, and they are published in *Na Bàird Thirisdeach*.

Also from Caolas is the noted Celtic scholar Professor Donald E. Meek. Among his many contributions to the Gaelic language, he completed an updating of the spelling of the Gaelic Bible in 1992. He is now Head of the Department of Celtic at the University of Aberdeen.

Ann an àite toil-inntinn
Bha sinn lìonte le cràdh.
Chaidh ur call air na Suacain
Ann an stuaghan gun bhàidh,
'S cha b' e gainnead ur n-eòlais
Chuir fo sheòl sibh don àit'.

B' e Iain MacIllEathain eile (Iain Lachainn na h-Urbh-aig) an dara bàrd às a' Chaolas a thog mi ainm. Rugadh esan sa bhliadhna 1867 agus chaochail e ann an 1895. B' e seòladair a bha ann, agus rinn e mòran de dh'òrain gaoil. Nam measg tha *Tha Mi fo Smuairean.* B' ann do Mhàiri Chaimbeul à Ceann Tàile am Muile a rinn e an t-òran brèagha seo, agus a thuilleadh air, rinn e dà òran mhath eile dhi.

Is ann às a' Chaolas cuideachd a tha an t-Ollamh Dòmhnall Eachann Meek, sgoilear Ceiltis ainmeil. Am measg gach seirbheis luachmhoir a tha Dòmhnall air a dhèanamh air sgàth na Gàidhlig – is chan eil ann fhathast ach duine òg – tha e an dèidh litreachadh a' Bhìobaill Ghàidhlig a dheasachadh às ùr. Tha e a-nis anns a' Chathair Cheiltis ùir an Oilthigh Obar-Dheathain.

Facail, Radhan is Toimhseachain a Tiriodh

Words, Sayings and Riddles from Tiree

Facail/Words

Abhaidean – hypochondria.

> *Is e MacEanraig a rinn dotair dhuit*
> *Nuair bha thu bochd le àbhaidean;*
> *'S i cas a' ghràpa, chuala sinn,*
> *A bhuail e air an àrd-doras.*

Adag – a shock of corn, consisting usually of ten to twelve sheaves. Ag adagachadh – gathering corn into shocks.

Ath-goirid – short cut

> *Feuch an gabh thu 'n t-ath-ghoirid, 's*
> *leig dhachaigh tro na caoil i,*
> *Is gun seinneamaid ceòl aotrom aig*
> *taobh a' Chanàil.*

> Bàrd Bhaile Mhàrtainn: *Calum Beag*

Bainne togalach – skimmed milk

Bàrr a' chinn – hysterics; could be cured by certain women.

Bàrr dearg – seaweed washed ashore during the annual spring storms

Beul bòidheach – flattery. Cuir beul bòidheach air/oirre/orra – Flatter him/her/them.

Blaomaire – eccentric person

Blàth-cheò – amazement, astonishment.

Tha e 'n-diugh na bhlàth-cheò mun chùis
Bàrd Bhaile Mhartainn:
Calum Beag à Tìr a' Mhurain

Bonn-a-sia – halfpenny

Buailtean – a flail

Cabhraich – sowens

Calg-dhìreach – against the grain, contrary

Carraig – a fishing rock. A' dol gu carraig –
going rock-fishing.

Casan ris – bare feet

Ceannag – a small, deformed woman; also a
wisp

Ceannan – a small, deformed man

Ceara – a ball of anything; also applied to a
small, round, fat woman.

Ceara de shìoman ruadh – a ball of jute rope.

Clach thuill – stone with hole through which
persons suffering from consumption were
passed three times in the name of the
Father, the Son and the Holy Ghost.

Cliathan-croma – drill harrows

Clifeag – slap. Clifeag san aodann – a slap on
the face.

Cluaisean – blow, box on the ear

Corr-shùgan – a twist-handle used for making
rope from hay or straw

Creadhach – a person without substance

Crìod – a ball of hair used to play shinty by
moonlight

Cromagan na briogais – breeching-hooks (part
of a horse's harness)

Crotag – curlew

Cuach theine – a metal knuckle-duster used
with a flint-stone

Deagh chòmhalaiche – a lucky person to meet if
you were going anywhere

Dranndan – grumbler. Nach tu 'n dranndan? –
Are you not the grumbler?

Dreallag – a swing

Droch chòmhalaiche – the opposite of deagh
chòmhalaiche

Duibheanach – black-faced sheep

Duine cracte – a madman

Duine dòrnach – a gallant fellow

Duine dùbailt – a deceitful person; a Jekyll & Hyde

Duine durbhaidh – a dour person

Duine foirmeil – a lively person; used when referring to an older person – e.g. bodach foirmeil – a brisk, lively old man.

Duine gu cùl – a worthy person

Duine gun spùramaid – a person without backbone

Each-fodair – a wild, uncouth man

Fadadh-cruaidh – part of a rainbow seen in bad weather

Falbhan – wandering. Dè am falbhan a tha air? – What is he wandering about for?/What is he looking for?

Farcluais – eavesdropping

Fèath nan eun – a dead calm

Feisde – a tether

Fiodhan – a cheese vat

Fliobar – a blow delivered with the back of the hand

Fraoch – fury

Fraoch – hair. *Fear is fraoch air a shròin a' toirt stròic air an ràmh* – 'A man with hair on his nose stroking the oar' (Bàrd na Croise: *Oran Eachainn Duibh*)

Fraochan – toe-cap

Fuaidreag – eel used in fishing

Gàbart – open boat

Gallaràd – untidy house

Gamuidh – crest of a horse

Gealach an ruadhain – the harvest moon

Giodal – fawning. Coin a' giodal – dogs fawning.

Glas-goibhne (origin unknown). Ged a bhiodh a' ghlas-ghoibhne agam, cha chumadh e airgead riut – Although I had the mint, it would not keep you in money. In other

139

words, the person being addressed is a
spendthrift.

Gleòtach – foolish woman

Gliomach – a slovenly person

Gobhar-adhair – snipe

Gream/greim – art of welding metal to metal
by means of white-heat in a smithy. A' cur
gream air a' choltair – welding metal to the
plough-share. A' cur gream air an t-soc –
welding metal to the plough-sock.

Guailnean cartach – draw chains on a cart

Hosàth – hurrah

> *Is chruinnich na bha 'n Glaschu de*
> *bhlaigeartan air daoraich,*
> *A' tional air gach taobh 's iad a'*
> *glaodhaich hosàth.*

Calum Beag

Iallaideach – an invalid, a weakling

Langaid – a chain tether

Làir-cheaba – a spade used to cut divots for the
roofs of thatched houses

Leam-leat – two-faced

Leth-phlaide – a wimp

Leum a' mhaighich – leapfrog

Losgann – a drag-sledge

Luim – remedy. Leig dha luim fhèin – leave
him to find his own remedy.

Mac Dadaidh – like father, like son: not
trustworthy

Maghar – a fishing fly made from a seagull's
feather

Manadh – fate, prediction. Tha mi ga chur air
do mhanadh nach bi rath gu bràth ort – I
predict that you will never have any luck.

Maoir dhearga – Sheriff-officers

A' meacanaich – sobbing

Meas a' choin – detested or disliked. Chan eil
meas a' choin air – He is disliked/He is
detested.

Am mìos marbh – February

Mùgail-màgail – being secretive; trying to hide

something
Muing – mane
Mulan – cornstack
Peurd – first card in carding wool.
> *Chan ionnan 's ioma tè nach dèan peurd*
> *leis a' chàrd.*
>> 'Not like a lot of women that will not
>> even make the first card of carding wool.'
>>> Iain Brùn, Bàrd Chill Mo Luaig:
>>>> *Oran na Làir Bharraich*

Piocach – saithe
Plaothasdair – stupid fellow
Pràis – pot-metal; cast iron
Pranngas – halter for a horse
Preant ime – a pat of butter
Rot boireannaich – slovenly or untidy woman
Ruc – haystack
Ruitear – drunkard; reveller
Sacanach – half-bottle of whisky
Samhanach – a big, well-built man
Seisreach – a pair of ploughing horses
Sgàinteagan – dried cow's droppings used as a
 fuel in the fire
Sglàmhair – abusive, foul-mouthed person
Sgliùrach – a slut
Sgulartaich – shouting and bawling
Siar – drive on.
> *Cha b'uilear dhi gach car a nì i stamh a*
> *bhith ga siaradh,*
> *'S tha Eàirdsidh gu phianadh, 's b' e*
> *mhiann i bhith bàtht'.*
>> 'She would require for every turn she does
>> a tangle to drive her on,
>> And Archie is that fed up that he wishes
>> she was dead.'
>>> Iain Brùn: *Oran na Làir Bhurraich*

Sìd chas – droughty weather
Sìd dhuaitheal – severe weather
Siola – a gill
Siubhail – die. Shiubhail e – He died.
Slaightear – a rogue

Slaman – curdled milk
Slat charraige – a bamboo fishing-rod
Sliomair – a flatterer
Smeachan – cheek-band of a bridle
Smuiseal – an adjustable part of a plough
Snighe – leak in a roof
Soran – loop-hole in a barn
Spalla – wedge of stone used in building
Speal-bheòil – an open razor.

> Ged 's ribeach, robach m' fheusag,
> 'S i air liathadh dh'ionns' mo bheòil,
> Nuair a bheir mi dhìom i
> Le siabann is speal-bheòil,
> Is an uair a thèid mi 'm èideadh
> Fon cheann is teàrr nan ròp,
> Gun tèid an aois a chur air chùl
> Is tionndaidhidh mi 'm ghill' òg.
>
> Màiri NicEalair:
> *Am Maraiche 's a Leannan*

Spollair – a blockhead
Stapag – lumpy pudding or gruel
Sùgan – a horse collar, usually made from straw
Tac – an errand. Chaidh i air tac – she went on an errand. Tha mi dol air tac – I am going on an errand/I am going visiting with business in mind.
Taibhsearachd – second sight
Tais – moist and warm. Latha tais – a moist warm day.
Talamh làidir – unploughed ground, grassland
Taobhan – rafter
A' taorsainn – visiting or frequenting.

> 'S buidheach mi don h-uile fear as lugha nì den taorsainn.   *Calum Beag*

Tàradh – premonitory noise, usually heard at night
Teine-sìth – fairy light
Trealaich – trash or a mixture of useless things
Triteas – giggle. A' triteas – giggling.
Tulpag – a small fat, round woman or girl

142

Ubraid is ùb-bàb – confusion and upset. Is beag
    orm ùbraid is ùb-bàb – I hate confusion and
    upset.

Udalan – swivel of a tether

Utraid – township road. Chaidh e sìos an
    ùtraid – He went down the township road.

Ràdhan/Sayings

A' bhèist as motha ag itheadh na bèist as lugha, is a' bhèist
   as lugha a' dèanamh a dhìchill – the bigger monster
   eating the smaller one, and the smaller one doing its level
   best

A' bhliadhna a dh'fhalbh am buntàta – the year of the potato
   famine

A' chlach a bhios air thurraman, tuitidh i uaireigin – The
   stone that rocks will fall sometime. A person who has
   something in mind for a long time will do it eventually.

A' dèanamh am maorach – making their fortune

A' gliùgail chaoinidh – sobbing

A' tighinn a-staigh le ceann na nathrach, is a' dol a-mach le
   earball na peucaig – If March comes in like a lion, it will
   go out like a lamb.

Ag obair aig bodaich Ghallta – working as farmhand with
   Lowland farmers

"An tu tha seo, a Chaluim Chille chama-chasaich?"
   "Mas cama-chasach mise, is cama-bheulach thusa." -
"Is this you, bandy St Columba?"
   "If I am bandy, you shall have a twisted mouth" (St
   Columba's curse on the flounder).

Air an togail – at starvation point; usually applied to cattle

Air a sheann dalladh – blind drunk

Air Là Fèill Pàraig, mùinidh am bàirneach air an fhaochaig
   – On St Patrick's Day, the whelk goes out of season.

Air seann Là Fhèill Pàraig, bidh lìontar aig a' churracaig
   mhòir – On the 29th of March, the greater lapwing will
   have a full nest, i.e. four eggs.

Air Là na Nollaige Mòire, bidh ceum coilich air an latha – On
   old New Year's Day, there is a cock's stride on the day.

Air slàinte bean na bainnse, fear na bainnse, maighdeann is
   fleasgach – Health to the bride, the bridesmaid and the
   best man. A toast given at weddings, even in my young
   days.

Aisling na caillich mar a dùrachd – The old wife's dream is
   as her desire.

Am fear a bhios air deireadh, beiridh a' bhèist air – He who
is last, the beast will overtake him.

Am fear a bhios fada gun èirigh, bidh e na leum fad an latha
– He who is late in rising will be in a rush all day.

Am fear a dh'itheas a sheanmhair, faodaidh e h-eanraich òl –
He who eats his grandmother can sup her soup.

Am fear nach cuir air latha fuar, chan dèan e buain air latha
teth – He who does not sow on a cold day will not reap on
a warm day.

Am fitheach a' cur a-mach a theanga – a heat-wave

An ceòl air feadh na fidhle – the cat among the pigeons

An geall na 's fhiach e – dying, nearly dead

An rud nach faic sùil cha ghluais cridhe – What the eye does
not see the heart will not yearn over.

An teis an t-sèididh – an inopportune moment. Thàinig e an
teis an t-sèididh – He arrived at an inopportune moment,
or in the middle of a crisis.

Beul na firinne – used sarcastically to mean a liar

Bi a-mach ma sèid i – Be about your business while the
weather is favourable.

Buail thall is coinnich a-bhos – Hit on all sides.

Ceann mòr air duine glic, 's ceann circe air amadan – a big
head on a wise man and a hen's head on a fool

Cha ghabh dubh dath, ach gabhaidh dath dubh – Black will
not take any colour, but any colour will take black.

Cha leig an leisg da deòin neach air slighe chòir am feasd –
Sloth never allows a person to do what is right.

Cha mhisde sgeul mhath a h-aithris dà uair – A good tale is
not the worse of being repeated.

Cha tig às a' phoit ach an toit a th' innte – It is only the
steam that is in the pot that comes out, i.e. someone can
only be true to character.

Cha tig thu am fuaim no faisg air – You can't hold a candle to
him.

Chan ann air a thòin a tha a chlaidheamh – He is very
angry.

Chan uisg' e ach bhon tuath, 's cha turadh buan e ach bhon
deas – Lasting rain from the north, lasting dry spell from
the south.

Cho àrd 's gun tèid an ceard-dubhan, is anns a' chac a
thuiteas e – It does not matter how high the dung-beetle

rises, it will fall back in the dirt.

Cho faoin ris an uiseig – as daft as a brush

Cò nì dìreach e ach an tì rinn cam e? – Who will straighten it but the one who twisted it? i.e. who will put it right but the one who put it wrong in the first place?

Cuir a' ghlas-ghuib air! – Shut up! Be quiet!

Cuir do chas air a h-oir – Go willingly/Get ready.

Cuiridh mi seachd shells asad/Cuiridh mi do phiobar asad – I will knock spots off you.

Cùm ort, tha am bàta a-muigh 's a' mhuir ga feuchainn – Go on, make the attempt if you dare.

Dè a' ghaoth a dh'fhàg a' Challainn? The direction of the wind at the advent of the New Year would prove to be the prevailing wind for the ensuing year. And there is this rhyme:

Gaoth deas, teas is toradh;
Gaoth tuath, fuachd is gailleann;
Gaoth 'n iar, iasg is bainne;
Gaoth 'n ear, meas air chrannan.

Dèan an t-olc is fan ri dheireadh – Do evil and wait for the consequences.

Do ghonadh air!- Dash it all!

Droch chomharra air a' ghaillinn: eòin na mara tighinn don t-sliabh – The sign of bad weather is the seabirds coming to the moor.

Dubh turaidh/Dus turaidh – dark clouds signifying a spell of dry but cloudy weather; usually comes with a south-east wind.

Fàg m' fhianais – Begone!

Fliuch do shùil – Wet your eye (used in connection with the evil eye).

Gabhaidh gealach an t-Sathairne an cuthach seachd uairean – A new moon on Saturday is an omen of stormy weather.

Gabh do sheachd rathaidean fichead! – Go to the devil!

Ghabh e smùid – He got drunk.

Gach dìleas gu deireadh – the best-loved one to the last

Ged is dona ann e, is miosa às e – Although he is not worth much, we would be worse off without him.

Gheibh foighidinn furtachd, is gheibh trusdar bean – Patience will get its reward, and a nasty fellow will get a wife.

146

Guc-gùg aig a' chuthaig 's i falbh air Là Buidhe Bealltainn –
Guc-gùg, sang the cuckoo as she departed on May Day.
Imrich Disathairne mu thuath, imrich Diluain mu dheas;
Ged nach biodh agam ach an t-uan, is ann air Diluain a
dh'fhalbhainn leis.
Monday is the best day to do anything.
Is ann cam is dìreach a thig an lagh – Crooked and straight
comes the law. The law can be a very contrary thing.
Is ann deireadh an là a nì an fheannag à mùn. This refers to
leaving off doing something to the last minute.
Is ann mu seach a shèidear na builg – one thing at a time
Is buan an t-olc – Evil is lasting/The evil one is long-lived.
Is dàn gach cù air a dhùnan fhèin – All dogs are bold on their
own midden.
Is e an t-ionnsachadh tràth a nì am foghlam gun taing – It is
the early training that leads to a complete education.
Is e obair là tòiseachdainn – To begin is a full day's work.
Is iad do làmhan fhèin a bheir fuasgladh dhuit It is your
own hands that will give you release from your labours.
Is math an airidh – It is deserved. Is math an airidh e mar a
thachair dhuit – You well deserve what happened to you
Is math ma mhaireas treabhadh Ailein – It is good if it lasts.
Latha a' choin duibh – day of reckoning
Latha eadar·dà theinn – a pet day
Latha nan car – All Fools' Day
Latha nan seachd sian – a wild and stormy day
Luchd nam breug 's a' chùl-chàinidh sin an dream nach eil
càirdeach don Uan. Liars and cheats have no place in the
Christian faith.
Mar chlach a' dol le gleann, tha feasgar fann foghair – Like a
stone falling down a glen is the shortening autumn
evening, i.e. quickly falls the autumn evening.
Marbh a' mheadhain-oidhche – dead of night
Mas ceòl fead aireachd, tha gu leòr an siud dheth – If
whistling be music, that is more than enough of it.
Meal is caith e – Enjoy it and wear it out.
Mura b' e eagal an dà mhàil, bheireadh Tiriodh an dà bharr
– If it were not for the fear of a double rent, Tiree would
yield two crops (i.e. annually).
Mura dèan thu e, cluinnidh tu mi air a' chluais as boidhre –
If you don't do it, you will hear me on your deafest ear.

Mura h-ann deiseal, chan ann tuathal – if not properly, not
at all

Na caraich thusa – You'd better believe it.

Nach ann agad a tha a' bhathais? – Aren't you the impudent
one?

Nach ann agad a tha an deagh eanchainn? – Aren't you the
clever one?

Nach ann dhuit a rug an cat an cuilean? – Aren't you the
lucky one?

Nach ann ort a thuit faradh nan cearc? – Have you not come
to a pretty pass?

Nam biodh a' mhil aige, is ann na bheul fhèin a chuireadh e i
– If he had honey, he would eat it himself (of a person
who parts with nothing).

Neach 's a theanga air a ghualainn – a blabber-mouth

Nuair a bhios an t-each caol, bidh an fhaochag reamhar –
When the horse is lean, the whelk is fat.

Nuair a bhios a' ghaoth air chall, iarr a deas i – When the
wind is lost, look for it in the south.

Nuair a bhios Murchadh na thàmh, bidh e ruamhar – When
Murdo is idle, he will be digging, i.e. Murdo is always up
to something.

Nuair a thig na maoir dhearga, thèid an gaol a-mach air an
uinneig – When the sheriff-officers arrive, love will go out
the window, i.e. when the wolf arrives at the door, love
goes out the window.

Obair is ath-obair – work and after-work. The result of bad
workmanship in the first place.

Oidhche Shamhna, theirte gamhna ris na laoigh – On
Hallowe'en the calves get called stirks.

Pàraig a bheannaich Eirinn is a mhallaich an sluagh –
Patrick who blessed Ireland and cursed the people.

Ràth dorcha na gealaich – waning moon. Nuair a bhios ràth
dorcha air a' ghealaich, bidh dath dorcha air an eala –
When the moon is on the wane, the swan is dark in
colour. (From the legend of the swan.)

Sgrìob drama – itching of the lip signifying that one was
going to get a dram soon

Sgrìob liath an Earraich – the lean days of Spring

Snàthainn fada aig tàillear leisg – A lazy tailor uses a long
thread.

Sneachd ga chur is gaoth ga reothadh – Snowing hard, with
wind freeezing it.
Stad e mu Ghot – He stopped off at Gott. i.e. he was delayed.
See p 112.
Stalla chac eun – a dirty house or place
Sùil mun t-sròin. Thug mi dha e sùil mun t-sròin – I told him
straight to his face.
Tachas ann ad mhala chlì, cadal fìor a' tighinn a-steach – An
itch on the left side of your forehead, a sure sign of
someone coming to stay.
Tha do shùil nas motha na do chorp – You are a glutton.
Tha e cho cruaidh ort ris an sgithinn a gheàrr t' imleag – You
have as much chance of getting it as you have of getting
the knife that cut your umbilical cord.
Tha iad math air fad, mar a bha puirt Fhionnlaigh – They
are all good, like Finlay's tunes. A sarcastic saying
meaning the very opposite – obviously Finlay had only
one tune.
Tha mi seachd deug sgìth dheth – I am disgusted with it.
Tha rud eadar ciall is cuthach – There is a difference
between sense and nonsense.
Tha speuran do chinn a' leum ort – You are really in a rage.
Thoir am blàr a-muigh ort – Get going/Get lost.
Thoir thairis. Thug e thairis – He was exhausted.
Trì buinn odhar is fàirdean, is dàil gu là na sluasaid – Three
yellow coins, a farthing, and credit to burial day.
Trì làithean den Iuchar san Fhaoilleach, 's trì làithean den
Fhaoilleach san Iuchar – Three summer days in February
and three winter days in July.
Trì làithean feadaig is dà là gobaig, seachdain sguabaig, 's
suas an t-Earrach! A saying welcoming the Spring.
Trì làithean na boin ruaidhe – The three days of the brown
cow. Occurs in the month of February.
Trì mìosan cù, còig caogad cat – Three months' gestation for
a dog, fifty days for a cat.
Thuit a ghud 's a ghad bhuaithe – He was shattered.
Nead air Brithid, ugh air Inid 's eun air Càisg – mura bi sin
aig an fhitheach, bithidh am bàs – A nest on St Bridget,
an egg at Shrovetide, a chick at Easter – if the raven
have not these, then it dies.

Tòimhseachain/Riddles

Baraill gun tòn làn de dh'fheòil duine – A barrel without a
  bottom full of a man's flesh.
Freagairt: meuran tàilleir. Answer: a tailor's thimble.
Chan eil e mach 's chan eil e staigh, 's cha tig an taigh às
  iùnais – It is neither inside nor outside, but the house
  cannot do without it.
Freagairt: maide-tarsainn an dorais; an t-àrd-doras. Answer:
  the lintel above the door.
Chunnaic fear gun sùilean craobh is ùbhlan oirre: cha tug e
  dhith ùbhlan 's cha d' fhàg e ùbhlan oirre – A man
  without eyes saw a tree with apples on it: he did not take
  apples from it, nor did he leave apples on it.
Freagairt: cha robh ach dà ùbhal air a' chraoibh, is bha an
  duine air leth-shùil. Answer: there were only two apples
  on the tree, and the man had only one eye.
Coinnleir òir air bòrd dà shliseig – A gold candlestick lying
  on a table of two thin boards.
Freagairt: corp na laighe air bòrd tana. Answer: a corpse
  lying on a narrow board.
Each dubh is each donn bonn ri bonn, ach is luaithe an
  t-each dubh na 'n t-each donn – A black horse and a dun
  horse hoof to hoof, but the black horse is faster than the
  dun horse.
Freagairt: toit is teine. Answer: smoke and fire.
Is lugha e na luch, is mò e na frìde, 's tha uiread air de
  dh'uinneagan 's a tha air taigh mòr an rìgh – It is smaller
  than the mouse but bigger than a pimple, and it has more
  windows than the king's castle.
Freagairt: meuran. Answer: a thimble.
Maide caol, cam sa choille ud thall, 's cha chluinn thu na
  cheann ach gliog agus gliong – A thin, twisted piece of
  wood in yonder woodland, and all you hear from it is
  click, click.
Freagairt: beart-fhighe. Answer: a loom.
Thàinig ceathrar a-nall, gun bhàta gun long: fear buidhe
  fionn, fear slatagach donn, fear a bhualadh na sùiste, 's

150

fear a rùsgadh nan crann – Four came over, without boat
or ship: one yellow and white, one brown and abounding
in twigs, one to handle the flail, and one to strip the
trees.

Freagairt: na ceithir ràithean. Answer: the four seasons.

Thèid e null thar na linne 's thig e nall thar na linne, is
innsidh e naidheachd 's chan abair e smid – It will go
across the sound and return across the sound, and it will
tell a story without saying a single word.

Freagairt: litir. Answer: a letter.

Ainmean a Ceann a' Bhara
Names from Kenavara

The name of the place itself means 'The End of the Precipice' (Gaelic *ceann*, 'head', and Norse *bjarg*, 'precipice'). It is anglicised as Kenavara.

1 Tràigh Bhì, 'The Beach of Bhì'. G. *tràigh*, 'beach', and Mo-Bhì, an Irish saint with his name prefaced by the affectionate 'my'. Anglicised as Travee.

2 Am Bodha Ruadh, 'The Red Reef'. G. *bodha*, from N. *bodhi*, 'breaker', and G. *ruadh*, 'red'.

3 Poll Phàraig, 'Patrick's Pool'. G. *poll*, 'pool', and Pàraig, one of the Gaelic forms of the name Patrick, here in the genitive case.

4 Rinn Chircinis, 'Circinish Point'. G. *rinn*, 'point'; N. *kirkja*, 'church', and *nes*, 'headland'.

5 Na Gnoban, 'The Bunches'. G. plural definite article and *gnob*, 'bunch', plural *gnoban*.

6 Ceall, 'Cell/Church'. G. *ceall*, with this meaning.

7 Rinn Thoirbheis, 'Ebb Isle Point'. G. *rinn*, 'point', and N. *orfiris*, 'ebb-isle'.

8 Camas Ul/Camas Sùl, '? Bay'. G. *camas*, 'bay'; *Ul* / *sùl* unclear.

9 An Eala Mhòr, 'The Big Swan'. G. *eala*, 'swan', and *mhòr*, feminine form of *mòr*, 'big'.

10 Sròn Donnchaidh, 'Duncan's Headland'. G. *sròn*, 'nose/ headland', and *Donnchadh*, personal name, here in one of its genitive forms.

10a Eilean nam Bà, 'The Cows' Isle'. G. *eilean*, 'island', and *bò*, 'cow', here preceded by the definite article and in one of its genitive plural forms.

10b Dùn Eilein nam Bà, 'The Cows' Isle Fort'. As above, with the phrase in the genitive plural, plus G. *dùn*, 'fort' – often referring to a broch.

11 Leac na Ciaraich, 'The Dark One's Slab'. G. *leac*, 'slab/flat stone', and *ciarach*, 'dark person', from *ciar*, 'dark', here preceded by the article and in the genitive singular.

12 Snòig. Origin unknown.

13 An Dòrnach, 'Place of Fist-shaped Stones'. G. *dòrnach*, 'abounding in rounded stones', from *dòrn*, 'fist'.

14 Uinneagan Beum a' Chlaidheimh, 'Windows of the Sword Cut'. G. *uinneag*, plural *uinneagan*, 'window'; *beum*, 'cut'; *claidheamh*, 'sword', here preceded by the article and in the genitive singular.

15 Carraig nan Gillean, 'The Lads' Rock'. G. *carraig*, 'promontory/rock', and *gille*, plural *gillean*, 'lad', here preceded by the definite article and in the genitive plural.

16 Ceum a' Mhaoilein, 'The Path of the Bare-topped Hill'. G. *ceum*, 'path', and *maoilean*, 'bare hill', from *maol*, 'bare', here preceded by the definite article and in the genitive singular.

17 Sloc nan Copag, 'The Docken Gully'. G. *sloc*, 'gully', and *copag*, 'docken', here preceded by the definite article and in the genitive plural.

18 An Carran, 'The Rock Ledge'. Gaelic *carran*, 'small rock ledge'.

19 Iuchair a' Charrain, 'The Key of the Rock Ledge'. As above, with the phrase in the genitive singular, preceded by G. *iuchair*, 'key'.

20 Slios a' Charrain, 'The Rock Ledge Slope'. As above, but with G. *slios*, 'side'.

21 Sloc Mhic Crithealaim, 'MacCrithealam's Gully'. G. *sloc*, 'gully', plus a patronymic whose origin is unknown.

22 Leac na Sgòr-bheinn, 'The Sharp Rock Slab'. G. *leac*, 'slab', and *sgòr-bheinn*, 'projecting cliff', here preceded by the article and in the genitive singular.

23 Toll Dubh nan Caorach, 'The Black Hole of the Sheep'. G. *toll*, 'hole', *dubh*, 'black', and *caora*, 'sheep', here preceded by the article and in the genitive plural.

24 Uirigh nam Bròg, 'The Pallet of the Shoes/Hooves'. G. *uirigh*, 'pallet', and *bròg*, 'shoe', here preceded by the article and in the genitive plural; the shoes referred to may be horseshoes.

25 Huinisgeir, 'Rock of the High Promontory'. Norse *hár*, 'high', *nes*, 'promontory', and *sker*, 'rock' (from which G. *sgeir*, 'reef').

26 An Staca Biorach, 'The Sharp Stack'. G. *staca*, 'stack', and *biorach*, 'sharp'.

27 Na Dabhaichean, 'The Vats'. G. *dabhach*, 'vat', plus the definite article.

28 Lorg a' Gheòidh, 'The Goose's Track'. G. *lorg*, 'track', and *gèadh*, 'goose', here preceded by the article and in the genitive singular.

29 Dùn nan Gall, 'The Strangers' Fort'. G. *dùn*, 'fort', and *Gall*, 'stranger/Lowlander', here preceded by the article and in the genitive plural.

30 Sloc na h-Ursainn, 'The Gully of the Door-post'. G. *sloc*, 'gully', and *ursann*, 'door-post', here preceded by the article and in the genitive singular.

31 Hiadainis/Carraig MhicCarmaig. Two names for the one feature, the first being from Norse *hiad* (origin and meaning unknown) and *nes*, 'point'. Also 'MacCormick's Rock'. G. *carraig*, 'promontory', plus the personal name, after the late Neil MacCormick from the 'Land' in Barrapol township, who was the only person bold enough to go fishing there for lythe. He died in 1937.

32 Mìogasdal, 'Dell of the Middle Enclosure'. N. *mid*, 'middle', *gar*, 'garden', and *dalr*, 'dale'.

33 Rinn Borbraig, 'Point of the Rugged Bay'. G. *rinn*, 'point', N. *borb*, 'rugged', and *vík*, 'bay'.

34. An Cnaca, 'The Crevice'. From the English word *crack*.

35 Uamh 'n Fhir Dhuibh, 'The Devil's Cave'. Literally, 'The Black One's Cave', from G. *uamh*, 'cave', *fear*, 'man/male ', and *dubh*, 'black', the phrase *fear dubh* being preceded by the article and in the genitive singular.

36 Ceum Anna, 'Annie's Step'. G. *ceum*, 'step', and the personal name.

37 Leabaidh Nighean Rìgh Lochlainn, 'The Lochlin King's Daughter's Bed'. G. *leabaidh*, 'bed', *nighean*, 'daughter', *rìgh*, 'king', and *Lochlann*, here in the genitive form *Lochlainn*, 'Lochlin' or 'Norway/Scandinavia'.

38 Sloc Chreathasgail, 'The Gully of the Grassy Ravine'. G. *sloc*, 'gully', N. *gres*, 'grass', and *gil*, 'ravine'.

39 Leac an Fhrangaich, 'The Frenchman's Tombstone/Grave'. G. *leac*, 'slab/tombstone' and hence 'grave', plus *Frangach*, 'Frenchman', here preceded by the article and in the genitive singular.

40 Obair Latha Chlann Mhurchaidh, 'The Clan Murdo's
Day's Work'. G. *obair*, 'work', *latha*, 'day', *clann*, 'clan',
plus the name, *Clann Mhurchaidh* being in the genitive.

41 An t-Eilean Dubh, 'The Black Isle'. G. *eilean*, 'island', and
dubh, 'black'.

42 Dùn an Eilein Duibh, 'The Black Isle Fort'. As above, with
the phrase in the genitive, preceded by the article and G.
dùn, 'fort'.

43 Sloc a' Chèim, 'The Gully of the Step'. G. *sloc*, 'gully', and
ceum, 'step', here preceded by the article and in the
genitive singular.

44 Leacan MhicShìridh, 'MacShirrie's Slabs'. G. *leac*, 'slab',
plural *leacan*, and a genitive form of the old surname
found in Tiree and Skye (and sometimes also seen as
MacSherrie).

45 A' Chlach Shuill/Thuill, 'The ? Stone'. G. *clach*, 'stone';
second element unclear.

46 Eilean Shomhairle, 'Somerled's Isle'. G. *eilean*, 'island',
and the personal name Somhairle, here in the genitive,
derived from N. Sumarlidhi.

47 Port na Lacha, 'The Wild Duck's Port/Harbour'. G. *port*,
'harbour' (derived from Latin *portus*, 'haven'), and G.
lach, 'wild duck', here preceded by the article and in the
genitive singular.

48 Tràigh nan Gilean, 'The Beach of the Clefts'. G. *tràigh*,
'beach', and *gil*, 'cleft/ravine', here preceded by the article
and in the genitive plural (from N. *gil*).

49 Lòn an Tuathanaich, 'The Farmer's Pond'. G. *lòn*, 'pond',
and *tuathanach*, 'farmer', here preceded by the article
and in the genitive singular.

50 Port Ghille-Chrìosd, 'Gilchrist's Harbour'. G. *port*, 'harbour', and the personal name (from G. *gille*, 'boy/servant', followed by *Crìosd*, 'Christ', in the genitive form *Chrìosd*).

51 An Athail Bhàn, 'The White Rock'. G. *ail/aithil*, 'rock', and *bhàn*, feminine form of G. *bàn*, 'white.

52 Rubha Cleit, 'Rocky Point'. G. *rubha*, 'point/headland', and G. *cleit*, 'rocky eminence' (from N. *klettr*, 'rock/cliff').

53 Na Tanngan/Na Tàngan, 'The Points'. G. definite article and *tanng/tàng*, here in the plural, a Gaelicisation of N. *tangi*, 'point projecting into the sea'.

54 Coirealair/Coralair nan Tanngan/nan Tàngan. As above, but in the genitive plural, perhaps preceded by a word meaning 'crooner' (G. *coireal*, 'croon/crooning').

55 An Aird Mhòr, 'The Big Promontory'. G. *àird*, 'promontory', and *mhòr*, feminine form of G. *mòr*, 'big'.

56 Ciste na h-Airde Mòire, 'The Chest of the Big Promontory'. As above, but with the phrase in the genitive singular, preceded by G. *ciste*, 'chest'.

57 Poll Bhallain, 'The Pool of the Tub'. G. *poll*, 'pool', and *ballan*, 'tub/vat', here in the genitive singular.

58 Carraig na Tàirgne, 'Trawl Rock'. G. *carraig*, 'rock', and *tarraing*, 'trawl', here preceded by the article and in the genitive singular.

59 An Slèisinneach, 'The Large-Thighed One'. G. *slèisneach/slèisinneach*, 'large-thighed'; c.f. *sliasaid*, genitive *slèisde/slèisne*, 'thigh'.

60 Ciaraig, 'Dark Bay'. G. *ciar*, 'dark', and N. *vík*, 'bay'.

61 Port Bharaboil, 'Barrapol Harbour'. G. *port*, 'harbour', and N. *bara*, 'burial-mound', and *ból*, 'town'.

62 An Staca Liath, 'The Grey Stack'. G. *staca*, 'stack', and *liath*, 'grey'.

63 Cumhaingean a' Bhaile Mheadhanaich, 'The Middleton Narrows'. G. *cumhang*, 'narrow/strait', plural *cumhaingean; baile*, 'town(ship)', and *meadhanach*, 'middle', the phrase being preceded by the definite article and in the genitive singular.

64 Cumhaingean Shanndaig, 'The Narrows of Sanndaig'. As above, plus the place-name ('Sand Bay'), from N. *sandr*, 'sand', and *vík*, 'bay'.

65 Crodh Breig, 'Bay of the Prominent Rock'. Gaelicised corruption of N. *knappr*, 'knob', and *vík*, 'bay'.

66 Fleit, 'Flat Rock'. N. *flatr/fletr*, 'flat'.

67 Lainnsgeir, 'Long Reef'. N. *lanna*, 'long', and *sker*, 'reef'.

68 Eilean Chircinis, 'Circinish Isle'. G. *eilean*, 'island', N. *kirkja*, 'church', and *nes*, 'point'.

69 Bodha nan Caimbeulach, 'The Campbells' Reef'. G. *bodha*, 'reef' (from N. *bodhi*, 'breaker'), and the noun *Caimbeulach*, 'a Campbell', here preceded by the article and in the genitive plural.

70 An Domhainn Mhòr, 'The Big Deep'. G. *domhainn*, 'deep', and *mhòr*, feminine form of *mòr*, 'big'.

71 Port Chuinneig, 'Harbour of the Bucket-Shaped Hollow'. G. *port*, 'harbour', and *cuinneag*, 'bucket/pail'.

72 Eilean Shnòig, 'Snoig Island'. G. *eilean*, 'island', and genitive singular of *Snòig* (origin unknown).

73 An Rubha Dubh, 'The Black Point'. G. *rubha*, 'point', and

dubh, 'black'.

74 Toinisgeir, 'The Twisted Bay'. N. ? *toin* (origin unknown), *nes*, 'point', and *sker*, 'reef'.

75 An Dòirlinn Bheag, 'The Small Isthmus'. G. *dòirlinn*, 'isthmus', and *bheag*, feminine form of *beag*, 'small'.

76 Sgeir an Latharnaich/Sgeir na *Sturdy*, 'The Lorn Man's Reef'/'HMS *Sturdy*'s Reef'. Two names for the one feature, the first being from G. *sgeir*, 'reef' (from N. *sker*), and *Latharnach*, 'Lorn man', here preceded by the article and in the genitive singular. See p 64.

77 An Lòn Bàn, 'The Bright Pond'. G. *lòn*, 'pond', and *bàn*, 'white/bright/clear'.

78 Smugabearg, 'Rock of the Narrow Cleft'. N. *smuga*, 'narrow cleft', and *bjarg*, 'rock, precipice'.

79 Am Port Mòr, 'The Big Harbour'. G. *port*, 'harbour', and *mòr*, 'big'.

80 Port a' Bhàta, 'The Boat Harbour'. As above, plus G. *bàta*, 'boat', here preceded by the article and in the genitive singular.

81 Sròm, 'Tidal Current'. G. *sròm* (from N. *straumr*, 'stream/current').

82 Bearg, 'Rocky Place'. N. *bjarg*, 'rock'.

83 Greasamul, 'Grassy Humped Island'. N. *gres*, 'grass', and *muli*, 'humped island'.

84 Tràigh Ghreasamuil, 'Greasamul Beach'. As above, but in the genitive case after G. *tràigh*, 'beach'.

85 Na Bodhachan Sliginneach, 'The Shell Reefs'. G. *bodha*, 'reef', and *sligneach / sliginneach*, 'abounding in shells', from *slige*, 'shell'.

Clar nam Bailtean

Index to the Townships